Philo-notions

Collection dirigée par Jean-Pierre Zarader

Le temps
la perception, l'espace, la mémoire

Olivier Salazar Ferrer
Agrégé de philosophie

Dans la même collection

- *Autrui*, Bernadette Delamarre
- *Connaissance du vivant*, Marie-Rose Faure
- *L'art*, François Warin
- *La conscience – l'inconscient, le désir, les passions*, Jean-Paul Ferrand
- *Le droit – la justice, la force*, René Lefebvre
- *L'État – le pouvoir, la violence, la société*, Alain Lagarde
- *L'existence – la mort, le bonheur*, Bernadette Delamarre
- *L'histoire*, Jean-Claude Gens
- *L'imagination – le jugement, l'idée*, Bernard Lacorre
- *Le langage*, Philippe Ducat
- *La liberté*, Joël Wilfert
- *La métaphysique*, par Marc Ballanfat
- *La morale – le devoir, la volonté, la personne*, Philippe Fontaine
- *La religion*, par François Cavallier
- *La science – les mathématiques, l'expérience, la logique*, Miguel Espinoza
- *Le temps – la perception, l'espace, la mémoire*, Olivier Salazar-Ferrer
- *Le travail – les échanges, la technique*, François Cavallier
- *La vérité – l'irrationnel, le sens, la sagesse*, Fabrice Foubet
- *Nature et culture*, François Cavallier

ISBN 2-7298-4651-4

© ellipses / édition marketing S.A., 1996
32 rue Bargue, Paris (15e).

La loi du 11 mars 1957 n'autorisant aux termes des alinéas 2 et 3 de l'Article 41, d'une part, que les « copies ou reproductions strictement réservées à l'usage privé du copiste et non destinées à une utilisation collective », et d'autre part, que les analyses et les courtes citations dans un but d'exemple et d'illustration, « toute représentation ou reproduction intégrale, ou partielle, faite sans le consentement de l'auteur ou de ses ayants droit ou ayants cause, est illicite ». (Alinéa 1er de l'Article 40).
Cette représentation ou reproduction, par quelque procédé que ce soit, sans autorisation de l'éditeur ou du Centre français d'Exploitation du Droit de Copie (3, rue Hautefeuille, 75006 Paris), constituerait donc une contrefaçon sanctionnée par les Articles 425 et suivants du Code pénal.

Sommaire

Introduction	4
Percevoir le monde	6
Qu'est-ce que le temps ?	14
De la mémoire à l'immortalité	26
Conclusion	30

Textes commentés

Pascal ■ Un roi sans divertissement	32
Marc Aurèle ■ Le temps de la vie d'un homme	34
Merleau-Ponty ■ La chair du sensible	36
Saint Augustin ■ Le temps : une réalité paradoxale	38
Bergson ■ Qu'est-ce que le présent ?	40

Dissertations

Peut-on vaincre le temps ?	44
L'homme pourrait-il vivre sans la conscience du passé ?	49
Qu'est-ce que perdre son temps ?	54
Y a-t-il une vertu de l'oubli ?	58

Glossaire — 62

Index — 64

Introduction

Imaginons un peintre, un botaniste et un géologue réunis au cours d'un déjeuner de campagne un beau jour d'été. Imaginons la perception que chacun aurait du paysage de forêts et de plaines qui s'offre à eux. Le peintre aurait des intérêts de peintre, portés vers les couleurs, les variations de tons, les ombres et l'harmonie des formes. Sa perception serait surtout esthétique. La perception plus rationnelle du botaniste identifierait, classerait et analyserait les espèces végétales selon leurs caractères biologiques. Le géologue, pour sa part, percevrait les structures et la nature des terrains et de sols qui échapperaient aux deux autres. Leurs découpages perceptifs serait donc certainement différents, de même que les images mentales et les tonalités affectives associées à leurs perceptions.

Cette situation illustre l'ancien problème métaphysique de l'identité de l'Être. Comment ces trois consciences peuvent-elles parler du même paysage alors qu'elles le perçoivent différemment ? Comment des mondes personnels peuvent-ils coïncider dans un monde commun ? Plus généralement, ce problème est celui de la communauté des perceptions : ce que je perçois doit aussi être valable pour quelqu'un d'autre, sinon chaque sujet connaissant serait enfermé dans un univers privé et incomparable. Nous serions alors, à l'extrême limite, dans un solipsisme (du latin *solus*, seul et *ipse*, soi-même) : doctrine selon laquelle la réalité perçue n'existerait et ne serait valable que pour le sujet percevant lui-même.

Nous pouvons donc reformuler très simplement notre question : pour nous, le monde n'existe qu'en tant qu'il est perçu. Or les consciences percevantes ont des perceptions personnelles de la réalité. Donc, comment un monde commun et objectif peut-il exister ? Accentuons les enjeux de notre question : d'un côté, une subjectivité avec un vécu singulier qui ne se laisse peut-être pas exprimer, bref une solitude ; de l'autre, une conscience capable d'intersubjectivité, d'objectivité et de communication. Comment les concilier ?

Nous nous proposons d'envisager les réponses à cette question en examinant les différents moments de la perception. Nous verrons que les solutions au problème de l'objectivité des représentations doivent être cherchées dans les capacités rationnelles de la conscience. Puis nous élargirons notre problème à l'espace : vivons-nous dans l'espace de la géométrie ou bien vivons-nous dans des espaces personnels ? (chap. I). Nous orienterons ensuite notre attention vers la dimension temporelle puisque le monde est perçu dans le temps, en confrontant temps subjectif et temps objectif de façon à dépasser leur opposition. En effet, les hommes doivent partager le temps autour de conceptions religieuses, sociales et historiques, mais aussi l'organiser de façon rigoureuse pour coordonner leurs actions, leurs productions et leurs échanges. C'est enfin sur un examen des attitudes humaines par rapport au temps que s'achèvera notre enquête philosophique (chap. III).

Percevoir le monde

I – *La perception et l'espace des choses*

La perception est le processus cognitif complet par lequel des informations sensorielles sont organisées en une synthèse cohérente. Cette organisation peut être décrite à trois niveaux : l'organisation spatio-temporelle des sensations (1), l'identification (2) et l'interprétation du perçu (3).

• **La perception est une organisation spatio-temporelle.** Du point de vue de l'espace, loin d'être un enregistrement passif d'informations fournies par le réel, la perception présente déjà des rapports complexes de distances, de perspectives et de symétrie, bref ordonne spontanément un espace. Par exemple, nous savons qu'un cercle vu de côté nous donne l'image d'une ellipse, mais nous rectifions spontanément cette image visuelle. Dans *L'Imaginaire*, Sartre illustre ce processus en montrant que nous ne percevons jamais un cube complet, mais seulement certaines de ses faces, et jamais six côtés égaux. Malgré cela, notre intelligence corrige les apparences immédiates en concevant une forme globale à partir des propriétés des volumes. Il faut rattacher cette observation à la *Gelstaldt Théorie* de Wolfgang Kölher qui s'est efforcé de décrire des opérations invariantes sur les formes : constances des volumes lors des déplacements d'objets, opposition du fond et de la forme de l'objet, loi de contiguïté pour former une structure.

Du point de vue du temps, la perception établit également des relations temporelles de succession, de simultanéité, ou d'antériorité. Elle est donc déjà une mise en ordre complexe des phénomènes. En termes kantiens, l'espace et le temps ordonnent en une synthèse le divers des sensations. Le chapitre de l'*Esthétique transcendantale*[1] se propose de décrire les étapes de cette mise en ordre au moyen des deux intuitions pures *a priori* de l'espace et du temps. Rapportés à la sensibilité, ces intuitions clarifient et universalisent déjà les données de la perception puisque pour Kant l'espace de notre sensibilité est l'espace euclidien et géométrique.

Toutefois, il est important de s'interroger sur l'origine de l'espace et du temps. La perception, que Piaget et Paul Fraisse ont étudiée chez l'enfant du point de vue génétique, c'est-à-dire selon son évolution dans le temps, présuppose des compétences logiques qui se développent dans les premières années de l'enfance

---

1. Kant, *Critique de la raison pure* (1781), 1re partie, 2e section.

par un lent apprentissage[1]. L'espace et le temps de l'enfant, loin d'être des repères spontanés antérieurs au développement de l'intelligence, se constituent peu à peu en interaction avec elle. Il est donc difficile de concevoir, comme le faisait Kant, un espace et un temps innés entièrement préconstitués. On s'accorde aujourd'hui à penser que des dispositions initiales et prénatales de l'enfant sont exploitées et développées par l'expérience. La querelle de l'inné et de l'acquis entre rationalistes et empiristes anglais du XVIIe siècle, illustrée notamment par l'opposition de Descartes et de John Locke, a bien évoluée au moyen de protocoles expérimentaux. On peut montrer que les aveugles de naissances ont de grandes difficultés à intégrer des informations visuelles lorsqu'ils sont opérés de la cataracte et retrouvent la vue. L'image visuelle ne possède aucune évidence en elle-même puisque le cerveau n'a appris à interpréter l'espace qu'au terme d'un apprentissage au cours duquel sont intervenues la motricité, la perception visuelle et sonore, et la manipulation des objets. « La plupart de ces sujets [aveugles guéris de la cataracte] ont fini leur vie comme ils étaient auparavant, c'est-à-dire comme des aveugles fonctionnels bien que la vue leur ait été rendue » souligne un spécialiste[2].

• Deuxièmement, l'acte de perception *identifie* le perçu. Au début du siècle, Jules Lagneau affirmait que la perception est déjà un jugement. Il faut comprendre cette affirmation en ceci que la sensation brute est impossible à isoler dans une conscience percevante car l'objet perçu est déjà muni de propriétés : couleurs, formes, finalité etc. qui sont attribuées à l'objet. Or le processus rationnel liant l'objet à ses propriétés n'est autre qu'un jugement : un acte rationnel consistant à lier un sujet logique (l'objet) à ses prédicats (ses propriétés). Cet acte de « juger » décrit l'objet et s'achève par l'identification de l'objet : « c'est un arbre » ; « c'est une rivière »... En termes phénoménologiques (la phénoménologie est l'étude descriptive et analytique des phénomènes qui se présentent à la conscience d'un sujet de façon originaire), il faut distinguer la *noèse*, acte même de connaissance visant l'objet et sa représentation ou corrélat, le *noème*, l'objet visé par la conscience avec son sens et ses caractères de réalité. La double articulation de l'acte noétique et du noème permet de représenter l'objet dans la conscience. Cette faculté de représentation est appelée *intentionnalité*, notamment par Husserl (*Ideen*, Gallimard).

Remarquons que l'opération si familière d'identification du perçu peut faire défaut en cas de lésions cérébrales accidentelles ; le malade ne reconnaît pas les objets les plus simples et devient incapable de les désigner. La phénoménologie

---

1. Jean Piaget, *L'Intelligence*, chap. 3 et 4, Armand Colin, 1967.
2. Jésus Alegria, « Développement de la notion d'espace et de temps », *in* : *L'Espace et le Temps aujourd'hui*, Seuil, 1983.

s'enrichit alors des apports de la neuropsychologie cognitive, dont la tâche est d'expliquer les fondements neurologiques des opérations intellectuelles.

Plus généralement, la perception classe un objet sous une catégorie linguistique, liant le perçu à l'ensemble des repérages linguistiques qui permettent *de penser* l'objet autrement que comme image, de le stabiliser, de le désigner, de le rappeler, puis de le communiquer. Nous aurions donc tort de séparer la perception des processus rationnels de la conscience puisque la perception est englobée dans l'acte de conscience, et que cette dernière est toujours conscience *de* quelque chose. Naturellement, la perception peut isoler son objet et le structurer avant qu'il soit identifié rationnellement, dans la perception musicale ou dans la contemplation de peintures non figuratives. Le philosophe anglais Herbert Read fait remarquer que la peinture depuis Cézanne s'efforce de dégager la perception de la prégnance des découpages linguistiques et rationnels de la réalité pour appréhender une réalité originale[1]. Dans la perception esthétique, chaque œuvre semble réorganiser un espace propre, présentant au spectateur de nouveaux principes visuels. Ainsi que le remarque Merleau-Ponty, « dans la perception, nous ne pensons pas l'objet et nous ne pensons pas le pensant, nous sommes à l'objet et nous nous confondons avec ce corps qui en sait plus que nous sur le monde, sur les motifs et les moyens qu'on a d'en faire la synthèse[2] ».

Néanmoins, nous aurions tort d'isoler artificiellement la perception de ses finalités naturelles car elle apparaît orientée par la fonction de l'attention. La perception vise un objet qu'elle peut séparer de la totalité du champs perceptif, selon des points de vue variables que la phénoménologie nomme *visées intentionnelles*. Un autre niveau apparaît alors qui est celui du sens du perçu et de l'acte de perception lui-même dans une continuité existentielle.

• Troisièmement, la perception est inséparable d'une *interprétation*. L'intellect reconstruit la réalité comme le détective reconstitue une intrigue policière sur la base d'indices fragmentaires. En effet, nous ne percevons la réalité que sous des aspects extrêmement partiels. Supposons que j'aperçoive sur la route devant ma voiture une forme grise : est-ce un rocher ? Il faut naturellement que je vérifie en testant l'objet : possède-t-il les autres propriétés (poids, rugosité, volume) d'un rocher ? S'il s'envole dès mon coup de pied, il n'était qu'illusion. Mais admettons que c'est un rocher, la perception implique aussitôt l'interprétation de sa situation : « pourquoi est-il ici ? » ; « D'où provient-il ? » La perception est alors liée à l'activité rationnelle d'explication qui, elle-même, présuppose un stock énorme d'informations sur le monde, appelé « arrière-plan » par le philosophe américain John Searle, permettant de traiter à tout moment une nouvelle

---

1. Herbert Read, *Le Sens de l'art*, éd. Sylvie Messinger, 1984.
2. *Phénoménologie de la perception*, 1945, Gallimard.

perception[1]. La perception est donc inséparable d'une interprétation au moyen des modèles culturels, des croyances sociales, des expériences vécues, bref d'un ensemble de références que Paul Ricœur nomme le « détour herméneutique[2] ».

II – Comment la perception devient-elle objective ?

Si chaque expérience vécue est celle d'un sujet unique, et si cette expérience est intégrée à une mémoire personnelle, nous pourrions nous demander si chaque monde personnel n'est pas hétérogène avec ceux des autres consciences. Les consciences humaines seraient alors séparées comme des îles dans l'océan, sans communication entre elles. Chaque moi serait enfermé dans son univers propre. L'œuvre de Proust, par exemple, décrit un tel univers personnel, dans lequel la valeur d'un événement ne prend son sens et ses résonances affectives que relativement à l'ensemble du passé vécu. Cependant, le solipsisme ne semble radical que dans les cas très particuliers où des troubles psychotiques créent une cassure entre la conscience atteinte de la folie et les autres consciences rationnelles. La schizophrénie, par exemple, créé des ruptures dramatiques avec le réel lorsque le délire éloigne peu à peu le malade de l'interprétation objective des faits. La solitude est alors à son maximum puisque l'accord avec les autres sur l'existence et le sens des choses perçues n'est plus possible.

De tels cas extrêmes nous rappellent que la situation commune des consciences humaines est une intersubjectivité de fait. La raison universalise chaque expérience particulière en la moulant, pour ainsi dire, dans des cadres logiques et linguistiques. Nous pouvons distinguer quatre moments de cette universalisation : (1) concevoir (2) juger logiquement (3) raisonner (4) construire des systèmes de connaissances.

(1) Concevoir : en pensant un concept (au sens large), nous constituons une classe de choses qui possèdent des similitudes entre elles. En désignant une chose, nous la classons sous un nom qui correspond au lexique d'une langue.

(2) En jugeant logiquement, nous affirmons certaines choses d'autres choses dans des « propositions » logiques. Par exemple, que « la table est rouge ». Le jugement établit des relations entre des classes de choses, capables d'exprimer ce qui est (propositions affirmatives) ou ce qui n'est pas (propositions négatives).

(3) En raisonnant, nous combinons des propositions entre elles selon les règles universelles et nécessaires de la logique. Le raisonnement permet de construire des démonstrations, enchaînements d'hypothèses et de conclusions, dont le caractère d'évidence nous contraint de les accepter en vertu de leur pure forme logique.

---

1. John Searle, *L'Intentionnalité*, trad. C. Pichevin, Minuit, 1984.
2. Paul Ricœur, *Temps et Récit*, T. II, Seuil, 1985.

(4) En construisant des explications générales, nous formons des systèmes de connaissances. Les connaissances naturelles, telles que la connaissance de la mer pour un marin ou bien les théories scientifiques rigoureusement constituées telles que la classification des espèces botaniques, la thermodynamique ou la mécanique quantique.

Grâce à ces opérations rationnelles, le monde perçu (privé) devient aussitôt un monde pensé (commun). Par exemple, l'acte de nommer linguistiquement une chose la rend communicable, et manipulable à plusieurs. Le raisonnement logique, en organisant les phénomènes selon des liens déductifs, installe la perception sur le plan de la vérité, c'est-à-dire de l'adéquation des jugements aux faits. C'est pourquoi il est impératif que tous les sujets connaissants possèdent les mêmes règles logiques fondamentales. Par exemple, la règle de non-contradiction est une règle logique impérative : il est impossible d'affirmer A et d'affirmer non-A simultanément avec le même sens (en écriture symbolique : [non (A et non-A)]). Le résultat de ces processus est un monde intersubjectif, c'est-à-dire valable pour plusieurs sujets pensants. Celui qui m'écoute possède les mêmes règles logiques et linguistiques que moi et peut donc me comprendre et être d'accord avec moi. S'il essayait de refuser ces règles, il sombrerait dans l'absurdité ou la folie, et dans un monde impartageable. A l'inverse, les structures logiques et linguistiques socialisent déjà celui qui parle car ces structures présupposent des relations d'universalité, d'égalité et de réciprocité qui sont à l'œuvre dans toute morale et dans toute formulation du droit. La mise en forme logique et linguistique de la perception socialise donc déjà l'expérience du monde, comme le soutient le philosophe allemand Habermas[1]. Naturellement, il est indéniable que nous percevons dans des structures objectives des phénomènes subjectifs et que, par conséquent, l'objectivité est à la fois un idéal de connaissance et le résultat d'un travail collectif.

On ne saurait trop souligner ici l'importance du langage car grâce aux règles communes de communication, les hommes engagent des dialogues qui peuvent s'orienter vers un idéal de compréhension. La comparaison des différents points de vue objective et stabilise en quelque sorte la perception dans des situations d'échanges. Nous sommes alors sortis de la menace du solipsisme.

III – La perception naturelle et les sciences

Toutefois, si le monde commun ainsi constitué suffit à la vie sociale, aux nécessités du travail et des échanges, il possède ses limites lorsqu'il s'agit de connaître exactement les propriétés du réel. En effet, les données des cinq sens étant superficielles et imprécises, la connaissance scientifique est obligée de

---

1. Jüngen Habermas, *Morale et Communication*, Le Cerf, 1986.

corriger les données de la perception au moyen de théories scientifiques. De ce point de vue, débarrassé des valeurs affectives, symboliques et irrationnelles liées à la perception naturelle, l'objet acquiert une objectivité plus rigoureuse. Gaston Bachelard a montré, dans la *Psychanalyse du feu* que la connaissance scientifique présuppose un travail de « purification » de l'esprit connaissant : antipathie, froideur, neutralité précèdent le travail d'analyse et de géométrisation du système observé, sinon les préjugés agissent pour « inventer » l'objet.

Naturellement, les particularités de l'objet disparaissent dans ce processus pour ne garder que ses aspects mesurables et quantifiables, que le scientifique exploitera dans des équations mathématiques. Le réel du scientifique est donc reconstruit et la perception n'acquiert une objectivité qu'à l'aide d'instruments de mesure qui constituent des démarches d'objectivation.

Au contraire, si nous considérons le travail de l'artiste, nous constaterons qu'il développe sa relation subjective à l'objet. La valeur de sa représentation, voire de sa création, naît d'un effacement de l'objectivité qui réduit et banalise le monde perçu. Merleau-Ponty, dans *L'Œil et l'Esprit*, suggère que l'art doit retrouver, sous les normes objectives de la perception « l'être sauvage », unique, nouveau, incomparable par sa beauté : « "L'instant du monde" que Cézanne voulait peindre et qui est depuis longtemps passé, ses toiles continuent de nous le jeter, et sa montagne Sainte-Victoire se fait et se refait d'un bout à l'autre du monde, autrement, mais non moins énergiquement que dans la roche dure au-dessus d'Aix. Essence et existence, imaginaire et réel, visible et invisible, la peinture brouille toutes nos catégories en déployant son univers onirique d'essences charnelles, de ressemblances efficaces de significations muettes[1] ».

La connaissance se meut donc le long d'un axe subjectif ou objectif. La perception, nous l'avons vu, est susceptible d'objectivation. Mais toute perception se déploie dans l'espace et dans le temps. Examinons donc comment cet axe objectif-subjectif s'applique à l'espace et au temps. Nous saisirons mieux comment un monde commun peut s'établir à partir de plusieurs subjectivités.

IV – *Vivons-nous dans l'espace de la géométrie ?*

Nous nous représentons volontiers l'espace comme le lieu vide de l'ensemble des choses. Cette conception, empruntée à la géométrie euclidienne, oublie que l'espace des géomètres est artificiellement construit. Homogène, universel, continu, quantitatif et organisé selon des propriétés constantes, l'espace euclidien est avant tout pensé : le point, la droite, le plan, la sphère du géomètre sont des figures idéales. D'où l'affirmation de Bachelard : « On ne trouve pas l'espace, il faut le construire[2] ». L'espace vécu, au contraire, résulte d'une interaction entre la

---

1. Merleau-Ponty, *L'Œil et l'Esprit*, (1960), chap. II, Seuil.
2. Bachelard, *Le Nouvel Esprit scientifique*, (1934), P.U.F.

conscience et le réel. L'appareil neurophysiologique du cerveau construit l'espace selon des traitements complexes de perspectives et de distances, et la conscience interprète l'espace en fonction de ses intérêts et de ses finalités. Les visées de la conscience structurent un espace, mais tel ou tel espace avec ses propriétés objectives peut lui être proposé. De ce fait, la conscience et un espace donné peuvent s'accorder ou non. Par exemple, je ne m'accorderais absolument pas à l'espace esthétique d'un jardin si je ne le considérais que sous l'angle de l'utilité car l'ordre du parc ou du jardin doit être apprécié symboliquement et esthétiquement. L'espace des allées, des bassins, des massifs taillés, s'organise comme une œuvre d'art conçue pour le plaisir des sens, la rêverie, la déambulation poétique et la perception d'un ordre de significations. Par exemple, l'ordre géométrique et centralisé des jardins de Versailles rassemble les symboles de la puissance royale. Au contraire, je ne m'accorderais pas du tout à l'espace fonctionnel de champs agricoles si je ne les percevais que sous le point de vue esthétique.

D'autre part, l'espace n'est pas seulement une dimension visuelle comme la primauté de la vision sur les autres sens tend à nous le faire croire, mais aussi l'espace de l'agir et du faire, en interaction avec les possibilités du corps, qui est son substrat sensible. Le rapport à l'outil, à la machine, et en général à toute instrumentation, impose un espace objectif et fonctionnel. La main et le corps doivent être exactement coordonnés à l'espace de l'objet. D'autres activités, telles que la danse, ou même les attitudes naturelles du corps, imposent un espace particulier appelé « espace du corps propre ».

Nous ne vivons donc pas dans l'espace homogène, indifférencié, et continu de la géométrie euclidienne, mais dans des espaces symboliquement et fonctionnellement différenciés : espaces religieux, ludiques, esthétiques, utilitaires, politiques, voire poétiques. Appelons ces espaces *anthropologiques* car chacun d'eux se charge de sens relativement à des activités humaines réglées par des codes culturels. Par exemple, l'espace sacré d'une église soumet le visiteur à des règles précises de déplacement, de silence, de respect des célébrations et des rituels. Un espace anthropologique se définit par un ensemble de codes extrêmement précis qui modifient la conscience elle-même et les états du corps. On ne marche pas dans une église comme on marche sur un terrain de sports. De même, l'espace artistique d'un musée induit automatiquement un certain état d'esprit fait de disponibilité aux œuvres exposées et d'attention esthétique. Nous devons au sociologue T.H. Hall des études tout à fait passionnantes sur la microsociologie de l'espace et du temps dans les cultures Hopi ou japonaises. Chaque culture possédant ses codes d'organisation pour la communication verbale, la disposition du mobilier, le rituel des repas, etc.[1]

---

1. T.H. Hall, *La Dimension cachée*, Seuil, 1978.

Plus largement, la peinture, la sculpture, le théâtre, l'architecture, l'art des jardins, à cet égard, créent des espaces propres qui se chargent de sens et de profondeur. Les formes, symboliquement pertinentes, deviennent des expressions spirituelles. L'espace de la cathédrale gothique, par exemple, incarne la spiritualité chrétienne médiévale : la croisée d'ogive, les arcs boutants, la croisée des transepts placent la cathédrale en élévation. L'espace est dominé par un mouvement d'ascension qui matérialise la tension de l'âme vers Dieu. Le croyant se déplace dans l'espace de la nef comme dans le corps spirituel de l'église (*éclesia* : assemblée). Entrant dans la croix dessinée au sol par l'église, il devient symboliquement une partie du corps du Christ. D'autre part, les ornements, les bas-reliefs, les portails, les motifs des vitraux incarnent le verbe divin en développant les moments successifs de la Bible. Georges Duby remarque que la théologie de la lumière de Denys l'Aéropagite inspira l'abbé Suger pour la construction de Notre-Dame de Paris[1]. Enfin, l'espace de lumière rempli par les couleurs du vitrail symbolise adéquatement la création divine selon le *fiat lux* : « Que la lumière soit » de la création du monde. L'espace de la cathédrale est donc entièrement symbolique. Orienté vers les besoins spirituels, il est destiné à conduire les croyants vers la transcendance. On voit donc ici combien l'espace est important pour déterminer des manières de vivre, et se trouve en interaction avec la vie.

Nous apercevons donc mieux maintenant pourquoi l'espace des géomètres n'est pas l'espace vécu par la conscience. La géométrie vide ces espaces anthropologiques pour former un espace universel et abstrait qui le rend analysable et calculable. Si cela est indispensable aux sciences et aux techniques, nous aurions tort de neutraliser l'espace anthropologique à l'exemple de l'espace scientifique. Le milieu urbain, souvent fonctionnalisé au détriment de son caractère humain dans nos grandes villes, n'en montre-t-elle pas le risque ?

---

1. Georges Duby, *Le Temps des cathédrales*, Gallimard, 1978.

Qu'est-ce que le temps ?

Imaginons trois personnes attendant sur le quai d'une gare : un amoureux avec ses fleurs, le chef de gare, un écrivain qui attend l'huissier qui doit saisir ses meubles. Pour l'amoureux, le temps semble démesurément long. Il s'éternise en proportion de son impatience et de son exaltation. Pour l'écrivain, au contraire, il se précipite et se remplit de crainte. Pour le contrôleur, s'il est attentif à son chronomètre, il est régulier et exact. Mais quel est le temps réel ? Celui du chef de gare ou celui des deux autres ?

I – Peut-on définir le temps ?

Nous possédons une expérience constante du temps à travers celle du changement de nos états de conscience et de ceux du monde extérieur. Mais ce temps, en quelque sorte, est rempli par les phénomènes et par conséquent ne nous présente que des phénomènes temporels et non le temps pur lui-même. Si nous voulons décrire intellectuellement le temps, nous rencontrons des difficultés que nous pouvons expliquer de la façon suivante : (1) d'une part, le temps est immatériel. En tant que milieu indéfini et vide, il se soustrait à toute description matérielle. (2) Le temps ne se circonscrit pas car il nous apparaît nécessairement comme infini, universel et englobant. (3) Le temps est souvent traduit en termes d'espace, notamment pour sa mesure, de sorte que sa nature propre a tendance à nous échapper. (4) D'autre part, les parties du temps, le présent, le passé et le futur sont en mouvement et semblent passer perpétuellement de l'existence à la non-existence. Enfin, (5) le temps est appréhendé tantôt par l'expérience vécue, tantôt par l'intelligence, nous présentant alors simultanément des réalités différentes et paradoxales. Ces six registres de difficultés rejoignent un autre fait évident : celui qui réfléchit sur la nature du temps est lui-même plongé dans le temps. Par conséquent, s'il ignore ce qu'est le temps, il est comme un poisson qui ignorerait ce qu'est l'eau. D'où la perplexité de saint Augustin dans un célèbre passage des *Confessions* : « Qu'est-ce donc que le temps ? Si personne ne me le demande, je le sais. Mais si on me le demande et que je veuille l'expliquer, je ne le sais plus[1] ».

Proposons une définition suffisamment générale pour contourner ces difficultés : le temps est la dimension universelle, nécessaire et mesurable de la succession irréversible des phénomènes.

---

1. Saint Augustin, *Confessions*, L. XI, chap. XIV, Garnier-Flammarion, Trad. J. Trabucco, 1964.

a) Cette définition associe l'idée de temps à l'idée de succession parce que le temps présuppose du changement, et que le changement se définit comme une succession d'états. D'où la définition de Leibniz : « Le temps est l'ordre des successifs mais qui ont entre eux de la connexion ». A son tour, l'idée de succession présuppose l'idée de différence. Le temps fonctionne donc comme un principe de différenciation du réel, par opposition à ce qui serait toujours identique à soi-même en étant soustrait au changement, bref qui serait éternel.

b) L'irréversibilité, c'est-à-dire l'impossibilité de renverser la flèche du temps et donc de reproduire un événement passé est l'essence même de la temporalité. En fonction de ce principe, chaque événement est unique en dépit des ressemblances superficielles de l'expérience. Cette irréversibilité est aussi la cause de la contrainte que le temps exerce sur nous car, par contraste avec la mémoire qui peut aller dans les deux sens, le vécu effectif ne revient jamais : le mode d'apparition de l'être dans le souvenir est donc une présence-absence ; une disponibilité de l'image et une indisponibilité de l'événement originaire. C'est pourquoi l'irréversibilité s'associe au constat de l'impossible, composante du regret, du remords et de la nostalgie. Les physiciens associent l'irréversibilité au principe d'entropie (Deuxième principe de la thermodynamique de Carnot) et cherchent à le traduire en termes probabilistes.

c) La nécessité de la temporalité : nous ne pouvons pas concevoir une suppression du temps car le fait de penser présuppose lui-même du temps. Plus généralement, nous ne pouvons concevoir ni sa non-existence, ni sa limitation. Dans une célèbre analyse de la *Critique de la raison pure*, Kant a montré que nous ne pouvons pas supprimer le cadre temporel d'un phénomène, qui est alors appelé « intuition pure de la sensibilité ». Comme l'espace, la temporalité coïncide avec l'existence. Exister, c'est être dans le temps. Néanmoins, nous pourrions nous interroger sur l'existence d'êtres qui semblent soustraits au changement : les théorèmes mathématiques, les lois de la logique, ou encore les équations de la physique théorique ou... Dieu.

d) L'aspect de mesure est associé intimement à l'idée de temps. Calculer le temps au moyen de l'outil mathématique exploite son aspect quantifiable. D'où le terme de « dimension » (du latin *dis-metiri*, mesurer en tous sens) que nous avons employé plutôt que le terme de « milieu » qui possède une connotation spatiale. Aristote définit ainsi le temps comme « la mesure du mouvement » ou « ce par où le mouvement comporte un nombre[1] ». Effectivement, établir une unité de temps, la comparer à d'autres segments temporels selon une quantité calculable est indissociable de l'expérience du temps, en grande partie à cause des rythmes naturels : le jour et la nuit, les saisons, les déplacements réguliers des planètes, le

---

1. Aristote, *Physique*, IV, 11, Vrin, 1981.

mouvement apparent des constellations, les cycles lunaires etc. C'est l'élaboration rationnelle et technologique des instruments de mesure du temps qui produit l'élément mesurable. C'est sur ce point que se séparent temps subjectif et temps objectif.

Notre définition s'est efforcée de ne pas opposer temps vécu et temps pensé. En effet, la dimension temporelle peut être appréhendée soit par une conscience à travers ses états affectifs, corporels, ses attentes et ses souvenirs, bref à travers une subjectivité, soit par l'intelligence sous la forme d'un temps objectif. La confusion de ces deux modes d'appréhension du temps peut engendrer des paradoxes. Par exemple sur la question de savoir si la durée est divisible, continue ou composée d'instants, ce qui est le propre de la temporalité mathématique. Cette dualité affecte aussi la question de savoir si le présent est un instant ou bien une durée ou encore si le passé, le présent ou le futur sont réels ou non. Il est donc important d'explorer successivement ces deux aspects.

II – La temporalité subjective : l'analyse bergsonienne

On appelle temporalité subjective une temporalité vécue à travers les changements successifs de la conscience. Bergson lui réserve le nom de durée, par opposition à un temps reconstruit par l'intelligence. La conscience étant soumise aux variations incessantes de l'affectivité, le sentiment du temps lui-même s'en trouve modifié non seulement en qualité, mais également en vitesse : « La durée toute pure est la forme que prend la succession de nos états de conscience quand le moi se laisse vivre, quand il s'abstient d'établir une séparation entre l'état présent et les états antérieurs[1] ».

Il existe donc une corrélation étroite entre la perception de nos changements intérieurs (pensées, sensations, perceptions, sentiments) et notre expérience du temps. Emmanuel Kant appelait déjà le temps « l'intuition du sens interne » pour cette raison. Le passé se confond alors avec la dimension des souvenirs de la mémoire, le présent avec les perceptions présentes, et le futur avec les mécanismes de l'attente et de l'anticipation. Du point de vue du sujet, le présent est la durée immanente à l'acte de la conscience de soi. Henri Bergson a laissé des analyses célèbres de ces processus : « Il faut donc que l'état psychologique que j'appelle mon présent soit tout à la fois une perception du passé immédiat et une détermination de l'avenir immédiat » souligne-t-il dans *Matière et Mémoire*[2]. Cette perspective a le mérite de nous rappeler le véritable substrat du changement, qui est le corps vivant. « Mon présent est donc sensation et mouvement ; et puisque mon présent forme un tout indivise, ce mouvement doit tenir à cette sensation, la prolonger en action ; mon présent est, par essence,

---

1. Henri Bergson, *Les Données immédiates de la conscience*, (1888), P.U.F.
2. Henri Bergson, *Matière et Mémoire*, (1896), chap. III, P.U.F., 1939.

sensori-moteur[1] ». Dans cette perspective, le présent n'est plus un instant idéal et fictif sur la ligne mathématique du temps, mais une épaisseur de conscience vécue. Pour Bergson, la science exclut la vraie durée en la remplaçant par un temps mécanique et abstrait. La durée, qualitative, discontinue, saisie comme donnée immédiate de la conscience, s'oppose à un temps spatialisé, continu, quantitatif, divisible à l'infini et reconstruit artificiellement par l'intelligence.

Chez Bergson, la découverte de la durée inaugurait une méthode nouvelle en métaphysique : l'intuition « qui coïncide avec l'objet en ce qu'il a d'unique et par conséquent d'inexprimable » naît d'une tension soustraite aux intérêts pratiques de la pensée. En effet, le moi superficiel, pour Bergson, est structuré par la raison et ses concepts pour effectuer l'action, donc pour s'adapter au monde inerte. La raison est essentiellement une faculté de l'*homo faber* tournée vers l'usage. L'intuition, au contraire, révèle un moi profond, qui constitue la conscience de soi par une mémoire active et originale. Elle procède en quelque sorte à une déspatialisation du réel pour ressaisir une réalité intime en nous qui s'écoule avec la richesse de la durée qualitative. L'intuition nous révèle donc la durée, c'est-à-dire la nature de la vie conçue comme dynamisme créateur ; elle se place en quelque sorte dans le mouvement vital. Appuyé sur la biologie de son temps, Bergson développe l'idée d'un Élan vital qui, par la vie végétative, instinctive et raisonnable s'achève en spiritualisation, c'est-à-dire en liberté.

Ces remarques sur le temps psychologique ont deux conséquences importantes : l'une concernant la nature du réel, l'autre la nature du moi.

• Supposons qu'un homme perde subitement la mémoire des souvenirs anciens et la mémoire de fixation (capacité d'enregistrer de nouvelles informations) ; que deviendrait le passé pour lui ? une série d'instants oubliés au fur et à mesure de leur passage. Nous apercevons ici que le problème du temps affecte directement notre conception de la réalité. Le passé et le futur existent-ils vraiment ou bien ne sont-ils que des reconstructions imaginaires de notre esprit ? Le monde n'existe-t-il pas en grande partie dans la mémoire, c'est-à-dire dans les enregistrements de ses traces passées, lesquelles permettent à la conscience individuelle de le reconstituer, de l'unifier, bref de former des continuités ? Le réel lui-même est-il « étendu » dans le temps ou se limite-t-il au seul présent ? En effet, seul le présent semble réel car le passé n'existe plus et le futur n'existe pas encore. Mais le passé a été. La chute du présent dans l'inexistence du passé et l'ouverture à un futur qui n'est pas encore conduisent Sartre à penser le temps en termes de néant : « Le temps de la conscience, c'est le néant se glissant dans une totalité comme ferment détotalisateur[2] ».

---

1. Henri Bergson, *Matière et Mémoire*, (1896), chap. III, P.U.F., 1939.
2. Sartre, *L'Être et le Néant*, (1943), II, chap. 2, Gallimard, p. 189.

• Ce problème concerne aussi la nature du moi : comment serions nous nous-même sans le travail incessant et reconstituant de la mémoire ? La mémoire établit la liaison de chacun de nos actes avec un « soi », responsable moralement et juridiquement au cours du temps, malgré tous ses changements. La responsabilité morale présuppose donc une unité et une continuité du moi à travers le temps : Paul Ricœur remarque que l'identité juridique ou morale d'un individu est de ce type plutôt qu'une identité biologique. Exister pour une personne morale, c'est présupposer la continuité temporelle de chacun de nos actes et de chacune des périodes de sa vie[1]. Je suis responsable de ce que j'ai fait il y a dix ans et des conséquences de mes actes dans l'avenir. Cette responsabilité individuelle, sociale, politique ou écologique, à l'égard du futur, exprime profondément notre condition d'êtres conscients et libres. Le temps est la dimension de notre responsabilité.

III – *Le temps objectif*

On appelle temps objectif le temps rigoureusement mesuré et calculé sur la base d'un système d'unités de temps à l'aide d'instruments de mesure. Quantitatif, homogène et universel, maintenant synchronisé à l'aide d'un système technologique mondial d'horloges atomiques et de masers à hydrogène, il présuppose la régularité des phénomènes et n'est qu'un aspect du réglage de l'univers et de la constance de ses propriétés physiques. Il est synonyme de prévision, donc de puissance et de coordination technologique. Le temps du contrôleur est exactement mesuré par des instruments (horloge à césium 145, horloge à quartz, horloge mécanique) qui permettent d'établir un ordre temporel entre les événements ; ici, la gestion de l'ordre de départ et d'arrivée des trains en gare.

Le temps objectif est supra-individuel bien que du point de vue d'une conscience, la temporalité objective puisse à tout moment se remplir de subjectivité : la temporalité mathématique étant, comme l'espace abstrait, une temporalité pensée. Ici encore, nous rencontrons le paradoxe que nous avons rencontré avec l'espace : bien que plongés dans des temporalités vécues différentes, des individus peuvent partager le temps et arriver à l'heure à leur rendez-vous en se coordonnant sur le temps objectif. Condition de la mesure de la vitesse, et donc des distances parcourues, ce dernier est donc un régulateur fondamental des activités humaines : les échanges économiques, le travail, les coordinations sociales, les transports, les ajustements technologiques le présupposent. La montre symbolise significativement au poignet des hommes d'affaires la maîtrise du temps dans les mécanismes de la concurrence économique[2].

---

1. Paul Ricœur, *Soi-même comme un autre*, Seuil, 1990.
2. Jean Baudrillard, *Le Système des objets*, Gallimard, Tel, 1968.

Le temps objectif est le résultat d'une construction logico-conceptuelle étroitement liée aux sciences capables d'enregistrer des phénomènes physiques réguliers ou isochrones et aux technologies capables de les reproduire. Au cours de l'Histoire, la mesure de l'instant a successivement relevé d'un temps astronomique, avec le cadran solaire ou gnomon, selon les mouvements réguliers du jour ou de l'année solaire ; d'un temps mécanique, celui des montres à ressorts ; puis d'un temps électronique basé sur la constance des vibrations des atomes de quartz ou de césium. Cette évolution technologique, suscitée par l'évolution des besoins de la navigation qui nécessite des temps précis pour les calculs des positions des navires, s'est donc orientée vers la recherche d'une universalité et d'une exactitude maximale des références temporelles.

Ainsi, en 1967, la Conférence générale des poids et mesures a défini la seconde comme la « durée de 9192631770 périodes de la radiation correspondant à deux niveaux hyperfins de l'état fondamental du césium 133 ». L'utilisation du temps atomique permet de construire des horloges, par exemple celle de Brunswick en Allemagne, variant d'une seconde tous les... trois millions d'années. Cette mondialisation du temps a nécessité des conventions internationales prenant en compte les besoins nouveaux, économiques, technologiques et politiques d'une époque : par exemple, la création du Bureau international de l'heure qui a établit en 1985 le temps atomique international au moyen de 174 horloges au césium et deux masers à hydrogène distribuées dans le monde dont il faut effectuer une moyenne comparative ; tâche confiée depuis au Bureau international des poids et mesures de Paris[1].

Cependant, ce temps objectif ne saurait être considéré comme un absolu : la physique moderne a apporté de nouveaux éléments : selon la théorie de la relativité générale de Einstein, le temps absolu n'existe plus, il varie en fonction de la masse et de la vitesse. Il devient relatif : deux horloges identiques qui sont l'une, sur terre, et l'autre, sur un satellite, marquent des temps légèrement différents. La physique relativiste nous apprend que le temps et l'espace sont relatifs à la vitesse du référent, à la masse et au champ de gravitation exercés sur le référent, bref que le temps n'est plus un absolu, ainsi que le croyait Newton dans les *Principia mathematica* (1687), mais une dimension composant avec l'espace une entité variable : l'espace-temps. Cette révolution relativiste a creusé un écart important entre notre intuition naturelle du temps, accordée à nos expériences à l'échelle de notre expérience sensible, et la conception utilisée par les astrophysiciens. « L'espace et le temps sont maintenant des quantités dynamiques : quand un corps se meut, ou quand une force agit, cela affecte la courbure de l'espace et du temps — et en retour, la structure de l'espace-temps

---

1. René Salles, *Si le temps m'était compté. Mesure et instruments*, Ouest-France, 1991.

affecte la façon dont les corps se meuvent et dont les forces agissent[1] ». Le temps a cessé d'être un thème métaphysique relevant exclusivement de la philosophie puisque la physique, la thermodynamique, l'astrophysique traitent de sa réalité, de son infinité, et de son irréversibilité objective à travers les théories du chaos ou de celle du Big-Bang.

IV – *La temporalité collective : les temps anthropologiques*

Le temps objectif, neutre, international, support des échanges, des communications, des coordinations satellites ou ferroviaires, est donc le résultat d'une lente constitution historique. Il s'est peu à peu désolidarisé des significations spirituelles et religieuses héritées du Moyen Âge. Par exemple, les temps marqués par les cloches des églises ont cédé la place à un temps universel, indispensable corollaire de la mondialisation de l'économie et des technologies. Cependant, chaque individu reste soumis à des temps traditionnels : le calendrier distribue les rythmes de travail et de vacances selon des symbolismes judéo-chrétiens qui, pour la plupart, renvoient à des moments spirituels de la vie du Christ : Noël, Pâques, l'Ascension. Les calendriers chrétien, islamique, judaïque, diffèrent par le choix de l'origine d'une chronologie selon des événements religieux fondateurs. Nous aurions tort de négliger la fonction sociale du temps qui rythme les échanges, le travail, les cérémonies et les célébrations historiques, bref qui établit une unité sociale.

Nous pourrions appeler « temps anthropologiques » les systèmes d'organisation sociale du temps : rythmes de la vie religieuse, rythmes du travail et de loisir, rythmes des fêtes. Par exemple, les rythmes d'un monastère du Moyen Âge ont une signification spirituelle : la journée, le mois, l'année, sont organisés de façon à remplir le temps par des célébrations religieuses, des repas, des fêtes. Le rythme des fêtes est particulièrement significatif pour saisir que l'organisation sociale du temps a pour fonction de rassembler, d'unifier une société, mais aussi de renforcer son identité à travers les célébrations et les commémorations.

La conscience individuelle est au centre de plusieurs systèmes de temporalités qui peuvent coexister parce qu'ils possèdent des finalités différentes. On peut vivre un temps objectif tout en l'encadrant dans un temps religieux, rythmé selon des moments symboliques, et le reliant à un temps divin, celui de la création et de la célébration religieuse comme dans un monastère chrétien. Ce temps religieux lui-même, rigoureusement codé, peut coexister avec des temps économiques ou sociaux. Ce n'est que par abstraction de ces temps anthropologiques que le temps objectif et scientifique peut se dégager, se penser et se constituer. Les temps anthropologiques dépendent eux-mêmes de grandes conceptions cosmologiques. Le souci des sociétés antiques était de régler le temps de la cité

---

1. Stephen W. Hawking, *Une brève histoire du temps*, chap. 2, Flammarion, 1989.

avec le temps du cosmos, et de régler le temps psychologique sur ces rythmes cosmiques ou religieux[1]. Aussi est-il utile de décrire quelques-unes des grandes conceptions cosmologiques du temps qui se sont succédées jusqu'à nous.

V – *Temps antique, temporalité chrétienne et Histoire*

• Dans l'Antiquité grecque, l'opposition de la durée provisoire et de l'éternité était fortement accusée. D'un côté, les cycles éternels des astres et l'immortalité des dieux ; de l'autre, les affaires humaines et les existences fugitives des hommes se succédant de génération en génération. Ce modèle antique se retrouve chez Aristote et influencera même une partie du Moyen Âge. Il est vrai qu'un autre schéma temporel apparût à la fin de l'Antiquité, l'idée d'une grande année et d'un éternel retour après une conflagration universelle qui régénère le cosmos. Les événements réapparaîtraient alors identiques à eux-mêmes : telle promenade, telle guerre, telle naissance. Tel était le point de vue des premiers Stoïciens, celui de la palingénésie (du grec *palin*, de nouveau, et *genesis*, génération) : un temps bouclé sur lui-même avec la négation de ce que nous considérons comme le propre de la temporalité : la nouveauté. Cependant, ce modèle de l'éternel retour que l'on retrouve chez Héraclite et les premiers stoïciens fut peu répandu. Quoi qu'il en soit, le propre de ces temps antiques est l'idée d'éternité du monde.

• Ces deux modèles de temporalité cosmique furent remplacés peu à peu par le schéma linéaire du christianisme. En effet, il n'était plus possible de séparer temps divin et temps humain dès lors que le Christ s'était incarné. La temporalité chrétienne possède un début, la Création, un avènement, la Rédemption avec la Passion du Christ, et une fin, le Jugement dernier. Les temps ont un commencement et une fin, tout en étant encadrés par l'éternité. Avec le Christianisme, le temps acquiert une dimension théologique en philosophie, non seulement parce qu'il était difficile de penser le rapport d'un Dieu éternel et d'une création dans le temps, mais aussi parce que le temps devient la dimension d'une réalisation spirituelle des individus, orientés vers le « salut ». Cependant, la cosmologie du Moyen Âge conservait l'idée d'un univers clos au-delà duquel séjournaient les êtres divins soustraits au temps[2].

• Cette temporalité religieuse fut assimilée peu à peu, notamment à la Renaissance grâce à l'idée humaniste selon laquelle l'individu participe activement à l'Histoire, et permit d'opérer un passage progressif vers la notion d'Histoire moderne. Mais il fallut auparavant laïciser les événements historiques en abandonnant l'idée qu'ils sont orientés par une providence divine. Bref, la temporalité théologique devait être abandonnée, ce qui s'effectua notamment au

---

1. Mircea Éliade, *Le Mythe de l'éternel retour*, (1947), Gallimard, 1969.
2. Cf. G. Pattaro, *La Conception chrétienne du temps. Les cultures et le temps*, Payot/Unesco, 1975.

XVIIIe siècle, puis au XIXe siècle avec les sciences de la terre et les progrès de la paléontologie. Le temps a donc été affecté, en Occident surtout, par la « désacralisation du cosmos » et par ce que Koyré nomme la « révolution copernicienne », c'est-à-dire la lente séparation des conceptions de l'univers et de la religion. Aujourd'hui, le temps est laïcisé, et correspond à l'univers des astrophysiciens soumis aux grandes théories physiques. L'univers, l'espace et le temps sont devenus objectifs et neutres. La question de Dieu resurgit seulement à propos des questions ultimes du réglage des grandes constantes universelles, du début de l'expansion de l'univers, et de l'organisation de la vie. Encore ne faudrait-il pas négliger le fait que les cultures religieuses du Moyen-Orient, d'Asie, de l'Islam conservent une temporalité religieuse parallèle au temps des sciences.

Cette évolution des sciences s'est traduite par des différences considérables d'échelles de temps qui séparent l'astrophysique, qui traite la durée en milliards d'années, la paléontologie et la géologie, en millions d'années, l'Histoire qui mesure en quelques milliers d'années les faits de civilisation, et la physique qui a besoin d'unités de temps infiniment petites, en mécanique quantique par exemple.

VI – *Temps objectif et temps subjectif : dépassement de l'opposition*

Il est temps de revenir à notre question de départ : temps objectif ou temps subjectif ? L'alternative est trop radicale. La synthèse du temps objectif et du temps subjectif est donc réalisée par un temps anthropologique constitué par les rythmes sociaux, religieux, culturels, économiques, bref par l'ensemble des rythmes de vie. Mais ces temps sont encadrés, nous l'avons vu, par une conscience subjective qui vit sa propre temporalité (temps subjectif) et par un temps historique beaucoup plus large (temps cosmologique).

Il faudrait donc envisager une série de temporalités emboîtées et coexistantes, intégrées à une conscience vivante, actualisant tantôt une temporalité tantôt une autre selon ses activités. Si le temps bergsonien est réel, concret, qualitatif, il exprime une interaction de la conscience et de la temporalité. Le temps objectif coexiste avec lui. Si les activités logico-expérimentales de l'esprit rationnel constituent un temps objectif et mathématique, la sensibilité vit une temporalité personnelle. L'homme est à la fois intelligence et corps, il est normal que le temps, comme l'espace, lui apparaisse sous les deux aspects du temps objectif et du temps vécu. Mais il est aussi un être biologique s'inscrivant dans l'Histoire de la vie, un être social et historique appartenant à une communauté historique.

Pour replacer l'individu dans l'ensemble de ces temporalités, nous pourrions utiliser l'idée d'Histoire à différentes vitesses comme Fernand Braudel le fait en distinguant trois temporalités : une temporalité de l'événement « fugitif, bref et disparaissant » qui est la plus rapide ; une temporalité plus lente, celle des institutions, des traditions et des spiritualités et enfin celle, plus lente encore, mesurable en milliers d'années, de la géographie et des climats qu'il appelle « la longue durée ». Ces étages de temporalité interagissent verticalement entre eux et permettent de concevoir l'Histoire, cette mémoire vivante d'une communauté humaine, comme enracinée dans un sol et une géographie[1]. L'Histoire, en ce sens, permet de compléter notre schéma d'emboîtement des temporalités : tout individu appartenant à ces différentes temporalités emboîtées : temps objectif du cosmos, temps des mutations géologiques et climatiques, temps des institutions, des structures sociales et religieuses, et enfin temps événementiel vécu heure par heure par la conscience. Ainsi, le temps existentiel se coordonne sur des temps plus ou moins objectifs, mais doit toujours revenir au temps objectif pour situer tous les autres.

VII – *Le temps est-il réel ?*

L'ensemble de ces remarques sur les temps anthropologiques nous permet de mieux cerner la complexité de la question de la réalité du temps. Le temps n'existe qu'à travers une quantité de formes et de modes différents d'appréhension. Nous pourrions donc nous demander si le temps existe « en soi » indépendamment de ces modes d'appréhension. Cette question est classique en philosophie : Kant, Einstein, Heidegger et Paul Ricœur l'ont abordée. Examinons leurs réponses.

• La solution kantienne. L'idée de réalité elle-même suppose en général la perception d'effets physiques. L'existence s'applique surtout aux objets qui remplissent le temps et l'espace. L'espace et le temps eux-mêmes semblent « exister » d'une façon très particulière. Comme pour l'espace, le statut ontologique du temps est exceptionnel puisqu'il ne désigne aucune chose, mais la condition de possibilité des choses. Kant exprime cela en disant qu'il n'est pas un concept, mais une intuition pure *a priori* : « Le temps est la condition *a priori* de tous les phénomènes en général et, à la vérité, la condition immédiate des phénomènes intérieurs (de notre âme), et, par là même, la condition médiate des phénomènes extérieurs[2] ».

Dans l'*Esthétique transcendantale*, Kant considère donc le temps comme une « intuition pure *a priori* de la sensibilité » qui ne provient pas de notre expérience, mais qui précède toute expérience. En effet, l'idée du temps semble étrangère à toute expérience particulière puisqu'elle conditionne tout phénomène. Le temps, comme l'espace, n'affecte pas la chose en soi, le noumène, qui reste extérieur au processus de mise en ordre de la sensibilité transcendantale. Nommé

---

1. Fernand Braudel, *La Méditerranée*, Flammarion, 1986.
2. Kant, *Critique de la raison pure*, 1781, première partie, 2ᵉ section, §6. Trad. Tremesaygues & Pacaud. P.U.F., 1967.

« intuition du sens interne », le temps est en effet un principe d'ordre des sensations diverses qui précède l'ordre des concepts, et que Kant réserve à l'entendement et à la raison. L'intuition pure du temps possède alors les caractères de l'*a priori* chez Kant : la nécessité, l'antériorité vis-à-vis de l'expérience et l'universalité. Rappelons que le terme « transcendantal » désigne la propriété de mettre en forme l'expérience, comme une grille placée devant un paysage permettrait d'y installer des coordonnées.

• Cette solution est nuancée dans deux directions aujourd'hui : d'une part, les progrès des sciences montrent que le temps résulte d'une acquisition progressive de compétences qui sont préinscrites chez le jeune enfant[1]. D'autre part, l'astrophysique nous a habitué à relativiser notre intuition naturelle en montrant que le temps et l'espace sont des données relatives. En démontrant que le temps se contracte aux vitesses voisines de celle de la lumière et forme avec l'espace une composante mathématique telle que la vitesse d'écoulement du temps est variable, Einstein a montré qu'il ne peut exister de temps absolu. Théorie largement illustrée par le paradoxe de Langevin : des astronautes qui se déplaceraient à une vitesse proche de celle de la lumière feraient connaissance, au terme d'un voyage de deux ans, de leurs arrière-arrière petits neveux parce qu'il se serait écoulé sur Terre près de deux siècles[2] ! L'intuition naturelle ne peut donc, comme le croyait Kant, nous fournir l'essentiel de sa réalité. L'espace-temps forme une composante variable selon des modèles mathématiques non euclidiens. Ici encore, les intuitions naturelles doivent être relativisées.

• Encore faudrait-il considérer une autre tentative pour dépasser l'opposition temps subjectif-temps objectif : celle de Heiddeger. Dans *Être et Temps* (1927), Heidegger envisage le temps non comme succession d'instants, mais comme une relation existentielle constitutive de notre être. « Le sens de l'être de cet étant, que nous nommons *Dasein* va se révéler être la temporalité ». Lieu où l'être que nous sommes peut poser la question du sens de l'être, le *Dasein* (être-là) révèle un souci (*Sorge*) où domine le primat du futur, horizon inachevé et ouvert. Dans cette temporalité (*Zeitlichkeit*) domine donc l'être-pour-la-mort, condition inévitable à laquelle il nous faut faire face. Le temps objectif, en effet, est toujours intégré à une conscience globale qui se règle sur lui, mais qui ne cesse de vivre une temporalité existentielle où se dévoile l'ouverture du monde. La solution heidegerienne considère donc le temps objectif comme second par rapport à une temporalité plus originaire.

• Enfin, peut-être devrions considérer, à l'exemple de la philosophie herméneutique contemporaine, que les moyens linguistiques à notre disposition

---

1. *L'Espace et le Temps aujourd'hui*, Seuil, 1983.
2. Trinh Xuan Thuan, *La Mélodie secrète*, Gallimard, 1991.

structurent les rapports de temps à l'aide de la grammaire des langues : prépositions, conjugaisons du passé, du futur, du passé ou du futur antérieur. Les ressources linguistiques, ajoutées à celles du récit, contribuent fortement à notre pensée du temps. Les souvenirs, les projets, l'Histoire sont racontés à travers des façons de dire et de parler : activités par lesquelles nous nous identifions et nous nous constituons peu à peu dans le tissu même du temps[1].

La réalité du temps, en soi, semble bien difficile à saisir. Au-delà de notre question, c'est notre idée même de réalité qu'il nous faudrait interroger. Un temps pur semble inaccessible à l'expérience. Il nous apparaît de toute façon conditionné par un mode d'appréhension : outil mathématique et technologique, conscience de la durée, modèles religieux ou cosmologiques, langages du temps. Peut-être faut-il abandonner l'idée de saisir un temps absolu pour accepter cette pluralité ; tout en accordant que le temps objectif peut servir de référence à tous les autres.

---

1. Paul Ricœur, *Temps et Récit*, T. I et II, Seuil, 1983-1985.

De la mémoire à l'immortalité

I – La mémoire comme résistance au temps

La mémoire est la fonction psychique au moyen de laquelle nous enregistrons des informations (biographiques, intellectuelles, affectives) que nous pouvons rappeler volontairement. Cette faculté instaure une continuité dans l'existence, liant le passé et le futur. Elle garantit ainsi l'unité du moi qui apparaît comme le centre et le substrat de toutes ses expériences dans le temps.

Bergson, s'appuyant sur la notion d'image, à mi-chemin entre l'esprit et la matière, décrit dans *Matière et Mémoire* une mémoire sélective qui est déjà englobée dans l'acte de perception qui anticipe en se souvenant ; mémoire habitude qui est engagée dans l'action, par opposition à une mémoire pure de la durée. Deux mémoires : l'une automatique ou sensori-motrice, faite d'habitudes assimilées en perceptions, l'autre, souple, créatrice et libre.

La conscience, loin d'être un acte rationnel, s'avère alors être mémoire ; elle est accumulation et anticipation du passé, et projette une personnalité originale, vers l'avenir, dans un acte de création. Alors que les post-kantiens niaient la capacité de connaître la liberté comme commencement autonome d'un acte, Bergson la retrouve dans la création du moi animé par la durée. L'acte libre est celui qui jaillit de notre personnalité entière ; il est essentiellement un acte vital opposé à la rigidité de l'habitude. Acte garant de notre authenticité spirituelle, cette mémoire semble opposée à toute dimension tragique puisqu'elle est la dimension de la vie.

Ces analyses ont le mérite de replacer la mémoire au centre des activités de la conscience tout en soulignant ses paradoxes. Condition indispensable à l'adaptation de la vie, la mémoire est aussi répétition et donc risque d'immobilisation dans le temps. Tendances d'autant plus séduisantes qu'elles satisfont le besoin de stabilité psychologique et qu'elles garantissent un pouvoir sur les choses et les êtres. Si l'ancien et l'acquis tendent à se perpétuer dans la tradition ou l'habitude avec une identité immuable, il faut les vivifier en permanence par une disponibilité à la nouveauté, et par une qualité de conscience suffisante pour découvrir la valeur des nouvelles formes de vie.

Allons plus loin : notre personnalité modifie notre mémoire par de nouveaux jeux de perspectives sur elle. Cette mémoire active est créatrice puisqu'elle interprète, comprend et se souvient différemment à chaque instant. L'identité que notre mémoire garantit est donc une identité dynamique. Néanmoins, la mémoire peut oublier ou occulter. Mémoire inauthentique, elle dissimule par l'acte de révéler. La fonction d'oubli affecte alors notre monde, comme l'oubli historique des crimes d'une nation, ou l'oubli d'un événement traumatisant. A travers ces processus de réécriture du passé se constitue lentement l'Histoire, récit polyvalent et polysémique, tissé par le corps social des historiens, riche d'enjeux idéologiques et politiques.

Quelle est la valeur existentielle de cet acte de mémoire ? Le temps retrouvé peut être celui du désespoir, du remords, du regret, de la nostalgie, modalités affectives du souvenir affectées par un vif sentiment d'impossible que l'irréversibilité du temps fait surgir en nous. Mais la mémoire peut également devenir condition d'accomplissement spirituel. De réminiscence en réminiscence, elle rassemble et unifie des traits essentiels de notre passé pour livrer un sens existentiel plus profond, plus authentique que le temps fragmenté et dispersé de l'action, comme si la réalité retrouvée paraissait plus achevée, plus pure, plus digne de foi que naguère dans la sensation. « Cette dimension du Temps..., je tâcherais de la rendre continuellement sensible dans une transcription du monde qui serait bien différente de celle que nous donnent nos sens si mensongers » écrit Proust dans le *Temps retrouvé*.

II – *Les tentations de l'immortalité*

Quelle est l'origine du désir d'immortalité ? Demeurer, « persévérer dans son être », selon l'expression de Spinoza, est une tendance originaire de tout être vivant. Il semble évident qu'exister est pour tout être conscient une sorte d'absolu. Cesser de vivre, mourir, signifient une privation du monde et un définitif néant. Les organismes vivants résistent déjà à la destruction par le temps. D'une part, la vie tend à l'autoconservation et à la reproduction des espèces alors que la matière inerte se laisse détruire mécaniquement. Les systèmes vivants, moyennant un échange énergétique avec le milieu, résistent à l'augmentation du désordre qui résulte des pertes d'énergie. Ils luttent contre ce que les physiciens appellent l'entropie (ou quantité de désordre). Certes, au bout d'un certain temps, la vie de l'organisme cède au vieillissement et redevient matière après la mort de l'organisme.

La conscience se saisit à son tour de cette tendance immanente à la vie. Elle peut dépasser dans tous les sens le réel, vers le passé et le futur, vers les *possibles*. Elle vit donc une disproportion permanente entre la puissance de son imaginaire et la certitude de l'arrêt biologique ; elle est en partie maîtresse de l'irréversible par le souvenir, mais elle se heurte au fait de la finitude : le corps est périssable.

La nécessité de la mort est d'autant plus saisissante qu'elle est toujours pensée dans un corps vivant. La mort, achèvement d'une existence individuelle et consciente d'elle-même, ne peut apparaître que comme un événement limite contre lequel on se révolte, qui effraie ou que l'on accepte. Les hommes ont toujours tenté des percées vers l'immortalité, soit par l'action héroïque fixée par la mémoire d'une civilisation, c'est-à-dire une mémoire historique (1), soit par les initiations religieuses, en espérant une autre vie, meilleure et plus juste (2), soit par la contemplation philosophique des vérités éternelles (3).

(1) La première solution est d'espérer une immortalité par la mémoire culturelle d'une civilisation. Les anciennes civilisations nous donnent les traces de ces tentatives : monuments, pyramides, œuvres d'art, ou plus humblement inscriptions funéraires. La Grèce antique nous donne l'exemple des « maîtres de vérité », poètes élevant au rang de la chronique des Dieux les faits héroïques des mortels. Marcel Détienne a montré comment la vérité fut d'abord conçue comme non-oubli (*a-léthéia*) dans les temps archaïques[1]. Mémoire de civilisation, mémoire orale, transmise à travers les grandes épopées ou les grands poèmes homériques, et donc mémoire collective susceptible de maintenir la vie en y puisant de grands modèles d'action. Cependant, ce « dur désir de durer » (Éluard) ne s'accomplit qu'à travers les œuvres d'art, par un étrange amour de la beauté qui nous oriente vers l'immortalité ; thème que l'on retrouve dans le célèbre discours de Diotime, dans le *Banquet* de Platon. Diotime, la prêtresse de Mantinée, initie Socrate au sens métaphysique de l'amour qui est un désir d'immortalité manifesté à travers l'amour des beaux corps, l'amour des belles œuvres, puis l'amour du Beau en soi. Plus modestement, les arts inscrivent des valeurs profondément humaines dans les objets qui nous survivent : maisons, paysages, jardins, instruments de musique ont une continuité d'existence qui établit entre les hommes une unité, un partage, une fraternité silencieuse au-delà du temps.

(2) L'espérance religieuse en l'immortalité. L'inquiétude du salut dans la religion chrétienne l'illustre particulièrement. Qu'il soit lié aux œuvres ou bien à la foi, ce salut dans une survie individuelle aboutit à donner un sens à la mort. Le temps irréversible n'est pas une dimension vide sans signification, mais le vecteur d'une aventure spirituelle de l'humanité. Encore faut-il adopter par la foi cette espérance qui contredit si clairement la destruction sans retour de toutes les existences particulières.

(3) La vie contemplative. Le *Phèdre* de Platon nous montre le char de l'âme s'efforçant de rejoindre les Idées éternelles, stables et limpides, contrastant avec le désordre et le chaos des événements politiques de la cité. On peut alors distinguer une *vita activa*, réservée aux affaires politiques et éphémères de la cité, et une *vita contemplativa*. Le temps est la dimension du changement et donc de la multiplicité ; pourquoi ne pas alors se tourner vers la dimension de la connaissance pour participer à l'intemporel. Tout bien acquis dans le temps se

---

1. Marcel Détienne, *Les Maîtres de vérité dans la Grèce archaïque*, Presses Pocket, 1995.

dégrade, ou bien est menacé, ou se dévalue parce que nous même avons changé. C'est la fragilité ontologique (de *onto*, être, qui se rapporte à l'être fondamental d'une chose) de la valeur qui se révèle ici. D'où la tentative de rechercher un bien échappant au temps et à son usure destructrice. Nous aurions alors une éthique philosophique de résistance au temps. Tel est, par exemple, le projet de Spinoza dans le *Traité de la réforme de l'entendement*, rechercher un « bien dont la découverte et la possession eussent pour fruit une éternité de joie continue et souveraine[1] ». Ainsi, nombre de philosophies voient dans les plaisirs de l'esprit, de la compréhension de soi et du monde, bref dans une sagesse, le véritable remède aux souffrances engendrées par le temps.

---

1. Spinoza, *Traité de la réforme de l'entendement*, § 1. Trad. Roland Caillois, Gallimard, p. 18.

Conclusion

Percevoir et vivre dans l'espace et dans le temps engagent, nous l'avons vu, des dimensions subjectives et objectives. Les subjectivités vivant chacune leur monde propre participent aussi au temps et à l'espace des autres. Mais en dernier lieu, l'usage du temps et ses questions éthiques appartiennent à une sagesse soucieuse de la qualité du temps, et de la réconciliation avec la finitude. Toute philosophie ne vise-t-elle pas à nous réconcilier avec le temps ? La révolte contre le temps n'est-elle pas vouée au désespoir et à l'échec, et finalement, n'est-elle pas absurde et démesurée ? Plutôt que d'accuser l'irréversible ou que de se complaire dans les illusions de la nostalgie, il est plus sage de se préoccuper d'une qualité du temps présent. Dimension créatrice de nouveauté, le temps n'efface que pour créer. La meilleure attitude n'est-elle pas alors celle qui permet un perfectionnement existentiel. La durée devient alors support d'un progrès intérieur fait d'accomplissement des vertus et de cohérence avec soi-même, comme le recommandaient les stoïciens. Nous nous proposons de développer davantage ce thème à travers quelques textes commentés et quatre sujets traités : « Peut-on vaincre le temps » ; « L'homme pourrait-il vivre sans la conscience du passé ? » ; « Qu'est-ce que perdre son temps ? », et « Y a-t-il une vertu de l'oubli ? »

Textes commentés

Un roi sans divertissement

« Quelque condition qu'on se figure, où l'on assemble tous les biens qui peuvent nous appartenir, la royauté est le plus beau poste du monde. Et cependant, qu'on s'en imagine un accompagné de toutes les satisfactions qui peuvent le toucher. S'il est sans divertissement et qu'on le laisse considérer et faire réflexion sur ce qu'il est, cette félicité languissante ne le soutiendra point. Il tombera par nécessité dans les vues qui le menacent des révoltes qui peuvent arriver et enfin de la mort et des maladies, qui sont inévitables. De sorte que s'il est sans ce que l'on appelle divertissement, le voilà malheureux, et plus malheureux que le moindre de ses sujets qui joue et se divertit. [...] Ainsi s'écoule toute la vie, on cherche le repos en combattant quelques obstacles. Et si on les a surmonté, le repos devient insupportable par l'ennui qu'il engendre. Il faut en sortir et mendier le tumulte. »

Pascal, *Pensées*, « Divertissement », § 166,
Moralistes du XVIIe siècle, éd. Robert Laffont, 1992.

Situation du texte : extraites d'un projet inachevé et fragmentaire rédigé entre 1657 et 1662, l'*Apologie de la religion chrétienne*, ces pensées contiennent une description de la misère de l'homme, c'est-à-dire des contradictions inhérentes à sa nature qui le font souffrir et qui le détournent de Dieu. Critique envers le cartésianisme (« Descartes inutile et incertain »), Pascal montre l'insatisfaction humaine et son inaptitude originelle au bonheur. Le divertissement et le jeu apparaissent comme la recherche d'une paix que le janséniste ne peut trouver que dans la foi et le don total à Dieu.

Les thèses du texte :
a) Le roi, symbole de puissance, est affecté comme les autres hommes par le vieillissement et la mort. Sa puissance et ses biens sont donc inutiles et vains pour le rendre heureux. L'argument est *a fortiori* : les hommes ordinaires seront à plus forte raison affectés par cette insatisfaction. On retrouve là le thème du *Discours sur la condition des grands* et sa distinction entre grandeurs naturelles et grandeurs d'établissement. Il n'y a, du point de vue métaphysique, aucune différence entre le roi et ses sujets.
b) Le plaisir ne peut être stable car l'inquiétude de la mort et des maladies le réduisent. La paix est donc absente du plaisir de la puissance ou de l'acquisition. La raison implicite en est que le but de la poursuite est la poursuite elle-même, c'est-à-dire le mouvement, l'agitation et la distraction pour ne pas penser à soi.
c) Le divertissement est l'agitation qui détourne (du latin : *divertere* : détourner) l'esprit de sa véritable condition existentielle (qui est de reconnaître sa dépendance absolue à Dieu) par un mouvement de fuite indéfini et passionné qui n'a d'autre finalité que lui-même. Le divertissement surgit d'une impuissance à supporter la finitude (« ne pouvant être immortel ») que le mouvement fait oublier (« ne point y penser ») ; il naît d'un désir de paix, et s'enracine dans l'idée que celle-ci sera acquise par l'obtention d'un objet, mais l'arrêt le plonge dans l'ennui, dans le sentiment de son néant et de son impuissance à gouverner sa destinée. Le mouvement a donc pour but le repos, mais le repos est insupportable : cette contradiction déchire la conscience malheureuse.

Conclusion : la structure temporelle de la conscience est l'inquiétude. Ce thème, déjà traité par les stoïciens (Marc Aurèle : *Pensées pour moi-même* et Sénèque : *Lettres à Lucilius*) recevait chez eux la solution de l'autonomie du sage, qui oppose à la souffrance la volonté sereine d'une raison conforme à la nature rationnelle du cosmos divin. Pascal au contraire, ne souligne l'inconsistance des désirs que pour établir l'inaptitude totale de l'homme à se suffire à lui-même. De là, sa nécessaire dépendance existentielle à Dieu qui seul, par la grâce, pourrait résoudre la contradiction intérieure.

Le temps de la vie d'un homme

« Le temps de la vie de l'homme, un instant ; sa substance, fluente ; ses sensations, indistinctes ; l'assemblage de tout son corps, une facile décomposition ; son âme, un tourbillon ; son destin, difficilement conjecturable ; sa renommée, une vague opinion. Pour le dire en un mot, tout ce qui est de son corps est eau courante ; tout ce qui est de son âme, songe et fumée. Sa vie est une guerre, un séjour sur une terre étrangère ; sa renommée posthume, un oubli. Qu'est-ce donc qui peut nous guider ? Une seule et unique chose : la philosophie. Et la philosophie consiste en ceci : à veiller à ce que le génie qui est en nous reste sans outrage et sans dommage, et soit au-dessus des plaisirs et des peines ; à ce qu'il ne fasse rien au hasard, ni par mensonge ni par faux-semblant ; à ce qu'il ne s'attache point à ce que les autres font ou ne font pas. Et, en outre, à accepter ce qui arrive et ce qui lui est dévolu, comme venant de là même d'où lui même est venu. Et surtout, à attendre la mort avec une âme sereine sans y voir autre chose que la dissolution des éléments dont est composé chaque être vivant. Si donc pour ces éléments eux-mêmes, il n'y a rien de redoutable à ce que chacun se transforme continuellement en un autre, pourquoi craindrait-on la transformation de leur ensemble et sa dissolution ? C'est selon la nature ; et rien n'est mal de ce qui se fait selon la nature. »

Marc Aurèle, *Pensées pour moi-même*, L. II, chap. XVII, trad. Mario Meunier, Garnier-Flammarion, 1992.

Introduction : Marc Aurèle, empereur stoïcien (121-180), pose le problème de la temporalité : faut-il se révolter contre elle ou au contraire l'accepter sereinement avec l'ordre du monde ?

1er moment : la temporalité, que Marc Aurèle pense à l'aide de l'image héraclitéenne du fleuve en mouvement, est cause du changement et d'une instabilité universelle : l'âme, le corps, le monde sont des flux, non des substances permanentes. Il n'existe pas, pour le matérialisme stoïcien, d'âme immortelle comme chez Platon. Cette instabilité de l'Être rend impossible tout lieu existentiel définitif (« Une terre étrangère ») et toute paix intérieure (« une guerre »). Il en résulte une incertitude (« destin difficilement conjecturable ») et une vanité des valeurs temporelles (gloire, célébrité).

2e moment : le texte évoque les différentes solutions de l'éthique stoïcienne :
• L'ataraxie, ou absence de trouble émotionnel, rend l'âme indépendante des événements perturbateurs, et lui confère une stabilité complète (« sans dommage et sans outrage... au dessus des plaisirs et des peines ») et un détachement matériel (« ne s'attache point »).
• La critique des opinions, par laquelle les fausses représentations et les fausses évaluations sont corrigées. Par exemple, que la mort est terrible. Marc Aurèle reprend l'idée d'Épictète selon laquelle l'opinion, de nature affective, doit faire place à une connaissance authentique (« les faux-semblants »).
• L'acceptation de l'ordre du monde, providentiel et rationnel, doit empêcher tout conflit engendré par le refus de la temporalité. Pour le stoïcien, la nature est légiférée par un logos divin et universel, de même nature que la raison humaine (« génie » en grec *daimon*, au sens ici de conscience rationnelle). Notre devoir consiste à conformer notre vie intérieure à cet ordre du logos (« à ce qu'il ne fasse rien au hasard »).

Conclusion : Marc Aurèle conclut que la mort n'est qu'un moment de la transformation matérielle du monde. Elle n'est donc ni à refuser ni à craindre (« avec une âme sereine »). Le matérialisme stoïcien estime qu'il n'y a pas d'immortalité de l'âme car l'âme elle-même est matérielle (« dissolution des éléments »). La sagesse implique donc une acceptation totale du changement.

La chair du sensible

« Car désormais on peut dire à la lettre que l'espace lui-même se sait à travers mon corps [...]. Quand on dit que la chose perçue est saisie « en personne » ou « dans sa chair » (*leibhaft*), cela est à prendre à la lettre : la chair du sensible, ce grain serré qui arrête l'exploration, cet optimum qui la termine reflètent ma propre incarnation et en sont la contrepartie. Il y a là un genre de l'être, un univers avec son « sujet » et son « objet » sans pareils, l'articulation de l'un sur l'autre et la définition d'un « irrelatif » de toutes les relativités de l'expérience sensible, qui est « fondement de droit » pour toutes les opérations de la connaissance. Toute la connaissance, toute la pensée objective vivent de ce fait inaugural que j'ai senti, que j'ai eu, avec cette couleur ou quelque soit le sensible en cause, une existence singulière qui arrête d'un coup mon regard, et pourtant lui promettent une série d'expériences indéfinie, concrétion de possibles d'ores et déjà réels dans les côtés cachés de la chose, laps de durée donné en une fois [...] Le fait est que le sensible, qui s'annonce à moi dans ma vie la plus strictement privée, interpelle en elle toute corporéité. Il est l'être qui m'atteint au plus secret, mais aussi que j'atteins à l'état brut ou sauvage, dans un absolu de présence qui détient le secret du monde, des autres et du vrai. »

Merleau-Ponty, *Le Philosophe et son ombre. Éloge de la philosophie*, Gallimard, 1953.

Situation du texte : Merleau-Ponty s'interroge sur la place du corps dans la perception, en marge de réflexions sur les *Ideen II* de Husserl, fondateur de la phénoménologie. Merleau-Ponty insiste sur le caractère incontournable et absolu de l'expérience corporelle, fondement de toutes connaissances et de toute action. La réflexion procède en exposant une série de paradoxes sur le corps qui aboutissent au constat de l'ouverture du monde sensible sur le monde commun, l'intersubjectivité.

Analyse du texte :

1er moment : le monde sensible, conçu comme un domaine de l'être (« un univers ») apparaît ici comme un absolu (« un irrelatif ») et en même temps chargé de la relativité des perceptions individuelles (« de toutes les relativités de l'expérience sensible »). Paradoxe explicable en ceci que si les informations données par les sens sont variables et subjectives relativement à la connaissance scientifique, elles sont un absolu en tant que fondement de tout rapport au monde qui s'enracinent dans un corps percevant et agissant. Le corps est une origine.

2e moment : la perception manifeste une résistance du réel : (« ce grain serré ») qui limite la perception, et qui tout à la fois l'entraîne vers des perspectives illimités. Si la perception, en effet, n'atteint des choses réelles que leur surface ou leurs apparences, elle peut offrir une variété infinie de sensations sur l'objet, que Merleau-Ponty retrouvera dans la création artistique, et notamment chez Cézanne (*Le Doute de Cézanne, L'Œil et l'Esprit*).

3e moment : l'espace perçu n'est pas lui-même l'espace objectif, mais l'espace singulier de mes sens (« un univers avec son « sujet » et son « objet » sans pareils »). Mais il s'ouvre simultanément au monde commun, à l'intersubjectivité (« qui s'annonce à moi dans ma vie la plus strictement privée, interpelle en elle toute corporéité ». Néanmoins cette intersubjectivité est paradoxale car si cette corporéité interpelle toute corporéité, elle n'est pas conceptuelle et ne peut être communiquée.

Conclusion : à l'horizon de ce texte se profile le problème d'autrui et du solipsisme (doctrine selon laquelle le sujet ne peut pas sortir de son propre monde puisque ses perceptions et ses pensées ne sont valables que pour lui). Merleau-Ponty tente de corriger, dans la ligne de Bergson et de Husserl, l'orientation intellectualiste de la philosophie de la perception. Le monde qui est commun n'est pas seulement le monde de la raison, mais aussi le monde sensible. Je sais que le monde corporel est aussi ressenti comme tel par l'autre, mais il reste le mien. Dernier paradoxe qui fonde en dernier ressort la valeur risquée de l'expression et du langage. On devine que l'art aura pour tâche de retrouver cet être sauvage en dévoilant un « être secret » antérieur à la constitution de l'être objectif des sciences.

Le temps : une réalité paradoxale

« En aucun temps vous n'êtes resté sans rien faire, car vous aviez fait le temps lui-même. Et nul temps ne vous est coéternel parce que vous demeurez immuablement ; si le temps demeurait ainsi, il ne serait pas le temps. Qu'est-ce en effet que le temps ? Qui serait capable de l'expliquer facilement et brièvement ? Qui peut le concevoir, même en pensée, assez nettement pour exprimer par des mots l'idée qu'il s'en fait ? Est-il cependant notion plus familière et plus connue dont nous usons en parlant ? Quand nous en parlons, nous comprenons sans doute ce que nous disons ; nous comprenons aussi, si nous entendons un autre en parler.

Qu'est-ce donc que le temps ? Si personne ne me le demande, je le sais. Mais si on me le demande et que je veuille l'expliquer, je ne le sais plus. Pourtant, je le déclare hardiment, je sais que si rien ne passait, il n'y aurait pas de temps passé ; que si rien n'arrivait, il n'y aurait pas de temps à venir ; que si rien n'était, il n'y aurait pas de temps présent.

Comment donc, ces deux temps, le passé et l'avenir, sont-ils, puisque le passé n'est plus et que l'avenir n'est pas encore ? Quand au présent, s'il était toujours présent, s'il n'allait pas rejoindre le passé, il ne serait pas du temps, il serait l'éternité. Donc, si le présent, pour être du temps, doit rejoindre le passé, comment pouvons nous déclarer qu'il est aussi, lui qui ne peut être qu'en cessant d'être ? Si bien que ce qui nous autorise affirmer que si le temps est, c'est qu'il tend à n'être plus. »

Saint Augustin, *Confessions*, L. XI, chap. XIV, trad. J. Trabucco, Garnier-Flammarion, 1964.

Situation du texte : la méditation sur le temps du livre XI des *Confessions* s'inscrit dans une interrogation sur les rapports de Dieu au monde créé, de l'éternité et du temporel. D'un côté un Dieu hors du temps ; de l'autre, la création du monde et le Verbe qui jettent dans le temps l'action de Dieu posent problème à Augustin. Mais d'autre part, Augustin répond aussi aux arguments sceptiques sur la non-existence du temps.

Analyse du texte :
- 1er moment : *le problème théologique de la création du temps*. A partir de la thèse : « le temps a été créé par Dieu », Augustin part du problème théologique : que faisait Dieu avant la création du temps ? Cette question, répond à une difficulté qui mettrait Dieu dans la non-activité, voire dans l'impuissance de créer. Augustin répond : la question n'a pas de sens car le terme « avant » présuppose la temporalité, or l'éternité l'exclue (« Aucun temps ne vous est coéternel »).
- 2e moment : *le paradoxe épistémologique du temps*.
Augustin commence en signalant que nous comprenons ce que nous disons quand nous parlons du temps. Cette compréhension, présente dans le dialogue (« Quand nous en parlons... Quand nous entendons un autre »), servira de référence à la recherche. Il y a là une attitude de confiance en la validité ontologique du langage naturel. Cette précaution vise à indiquer les premiers termes du paradoxe épistémologique : l'expérience du temps nous est familière (« connue ») et pourtant sa connaissance intellectuelle est problématique (« qui pourrait l'expliquer »).
- 3e moment : *le paradoxe ontologique du temps*. Le paradoxe épistémologique repose sur un paradoxe ontologique : puisque le temps est, ses trois parties, le passé, le présent et le futur, doivent être. Or, le passé et le futur ne sont plus et pas encore et le présent est en mouvement pour devenir du passé. Donc le temps apparaît comme « tendant » vers le non-être.

Conclusion : ce paradoxe final rejoint les interrogations platoniciennes sur l'être : ce qui *est* par excellence, ce sont les essences des choses, non leur participation matérielle et durable dans la matière qui contient de l'être et du non-être, du même et de l'autre (*Phédon*). Ces paradoxes introduisent à la solution augustinienne du temps comme « distension de l'âme ». Toutefois, dans la perspective chrétienne, le changement apparaîtra comme une imperfection ontologique des créatures : « Je me suis éparpillé dans les temps dont j'ignore l'ordonnance » dit Saint Paul (*Philippiens* 3). Instabilité, fragmentation et inquiétude appartiennent à la temporalité de la créature qui doit, par la foi et la concentration de la prière, participer à l'éternité.

Qu'est-ce que le présent ?

« Qu'est-ce que, pour moi, que le moment présent ? Le propre du temps est de s'écouler ; le temps déjà écoulé est le passé, et nous appelons présent l'instant où il s'écoule. Mais il ne peut être question ici d'un point mathématique. Sans doute, il y a un présent idéal, purement conçu, limite indivisible qui séparerait le passé de l'avenir. Mais le présent réel, concret, vécu, celui dont je parle quand je parle de ma perception présente, celui-là occupe nécessairement une durée... Il faut donc que l'état psychologique que j'appelle « mon présent » soit tout à la fois une perception du passé immédiat et une détermination de l'avenir immédiat. Or le passé immédiat, en tant que perçu est, comme nous le verrons, sensation puisque toute sensation traduit une longue succession d'ébranlements élémentaires ; et l'avenir immédiat en tant que déterminant, est action ou mouvement... d'où je conclus que mon présent consiste dans un système combiné de sensations et de mouvements. Mon présent est, par essence, sensori-moteur. »

Henri Bergson, Matière et Mémoire (1896), chap. III, Œuvres, P.U.F., 1939.

Situation du texte : *Matière et Mémoire*, publié en 1897, aborde la question du dualisme entre l'esprit et le corps en réfutant l'hypothèse selon laquelle la mémoire, lien entre le spirituel et le matériel, serait purement intellectuelle. La perception et la mémoire sont au contraire articulées à l'action qui sélectionne leurs contenus. Le présent est donc le corps en acte percevant et agissant lui-même.

La thèse du texte : Bergson a l'intention de démontrer que le présent est « sensori-moteur », c'est-à-dire une coupe dans le devenir appréhendé dans un corps vivant. Le présent correspond donc à une durée vécue par le corps engagé dans l'action et réactualisant des souvenirs à chaque instant.

Le mouvement du texte :
a) Le présent réel est le présent vécu, et non le présent pensé. L'intelligence spatialise et généralise tandis que l'intuition coïncide avec la chose même. Le temps réel n'est saisi que par l'intuition et non par des idées « un présent idéal ». Le présent, loin d'être défini par la conception objectiviste du temps des horloges, quantitatif, discontinu, abstrait et mesurable, est une durée saisie immédiatement par l'intuition, et non un « point mathématique ».
b) Le présent est perception des sensations immédiatement passées. En effet, Bergson estime que les deux mémoires, la mémoire habitude et la mémoire pure sont réactualisées dans la sensation parce que le sujet *reconnaît* ce qu'il perçoit.
c) L'ensemble des sensations est lui-même coordonné à une action. Bergson réhabilite donc le corps comme substrat dynamique de la durée. Les attentes, les variations infinitésimales des sensations s'ajoutent les unes aux autres, mais sans discontinuité car le souvenir est réactualisé dans l'action (« un système combiné de sensations et de mouvements »).

Conséquences du texte :
• Il n'y a pas de perception pure, mais une continuité entre les perceptions passées et les perceptions présentes. La perception est traitée globalement dans un contexte vital et évolutionniste qui annonce *L'Évolution créatrice* (1918).
• Bergson ouvre la voie à un inconscient psychologique faits de souvenirs purs non actualisés dans l'action présente. Le rationalisme est donc doublement limité par l'intuition et par l'inconscient psychologique.
• Bergson voit dans les habitudes de la mémoire mécanique du corps l'origine d'un certain nombre de pièges contractés par notre pensée en métaphysique.

Peut-on vaincre le temps ?

PLAN

Introduction : être en conflit ou en harmonie avec le temps ? Faut-il combattre le temps et comment ? Conséquences sur le bonheur

I – Oublier le temps
a) Le divertissement pascalien
b) L'inconsistance de l'être

II – Transcender le temps
a) La solution platonicienne
b) La solution chrétienne
c) Critique de cette solution

III – Plénifier le temps
a) Plénifier par la qualité morale du présent
b) Plénifier par le plaisir
c) Critique de cette solution

Conclusion : harmoniser le temps plutôt que le vaincre

Introduction

Vaincre le temps, n'est-ce pas le considérer comme un adversaire extérieur à nous-mêmes ? « Dieu sinistre et effrayant » dit Baudelaire de l'horloge « qui mange la vie ». Le temps ne contient-il pas la menace d'une dispersion de la conscience, d'une fragmentation du moi, voire d'une sclérose de la vie dans des répétitions sans fin ?

L'expression « vaincre le temps » ne présuppose-t-elle pas déjà une relation de conflit avec la temporalité qui ne peut conduire qu'à un désespoir du temps ou au désir de sortir du temps, par l'oubli, le divertissement ou l'aspiration à une transcendance religieuse ? N'oublions pas que le temps n'est pas extérieur à nous, mais constitue la substance même de la conscience ; que ce n'est pas contre le temps, mais avec lui que la plénitude temporelle peut se réaliser. L'idée d'une victoire sur le temps doit alors faire place à la question de la qualité du temps qui résulte d'une éthique de la temporalité : comment plénifier la durée ? Comment se réconcilier avec la durée de telle sorte que son irréversibilité ne soit pas angoissante, mais accomplissante ? Faut-il vivre dans un présent fugitif pour en saisir la qualité, hédoniste, esthétique, morale ou bien faut-il en reconnaître la vanité pour s'orienter vers l'éternité ? Ne faut-il pas au contraire rétablir une continuité entre les dimensions temporelles pour rendre une cohérence et un sens existentiel à notre durée ?

I – Oublier le temps ?

a) Oublier le temps. « Le temps est l'irréversibilité et il n'y a que le temps qui soit irréversible », dit Jankélévitch. La disparition et la destruction de la vie sont inséparables d'une temporalité vécue. Le temps nous dépossède de notre avoir, incarnant ainsi la finitude et la mort. « Le monde est si inquiet qu'on ne pense jamais à la vie présente et à l'instant où l'on vit : mais à celui où l'on vivra. De sorte qu'on est toujours en état de vivre à l'avenir et jamais de vivre maintenant[1] ». Chez Pascal, le divertissement est une attitude de fuite visant à oublier notre condition limitée au moyen d'une agitation incessante. A travers lui, c'est non seulement le présent qui se dilue dans un mouvement vers le futur, mais c'est la conscience même de notre temporalité qui disparaît. Visant à l'étourdissement et à l'éparpillement, le divertissement est une fuite du moi réel dans une fausse conception du moi. Nous nous mouvons pour saisir notre être et nous nous mouvons pour le fuir : paradoxe existentiel qui a sa source dans la structure temporelle de la conscience qui est le mouvement : là où l'homme agité croit se retrouver, voire se former, il ne rencontrera que de la vitesse et du tourbillon. Il se créé des urgences dont le but est l'oubli du réel. Sa condition véritable serait connaissable dans l'arrêt et dans la réflexion, mais la conscience est incapable de supporter un tel face à face avec elle-même. La perspective pascalienne, soucieuse de ramener la conscience vers Dieu, ne voit dans le temps qu'une dilution spirituelle, l'éloignant de la grâce et d'un rapport authentique à Dieu. Loin de pouvoir plénifier l'instant présent, l'homme du divertissement y rencontre l'abîme et le désespoir. « Le présent n'est jamais notre fin : le passé et le présent sont nos moyens. Seul l'avenir est notre fin[2] ».

b) L'imagination combleuse, pour reprendre l'expression de Simone Weil, s'égare donc dans une dimension ontologique inconsistante, celle de l'appropriation, de l'acquisition et de la conquête, empêchant la conscience d'être heureuse[3].

« Tout le malheur des hommes vient d'une seule chose, qui est de ne pas savoir demeurer en repos, dans une chambre », dit encore Pascal. L'inaptitude au bonheur s'enracine dans sa poursuite. Le divertissement fuit la condition humaine

---

1. Pascal, *Pensées*, « Divertissement », §165-171, Robert Laffont, Moralistes du XVIIe siècle, 1992.
2. Pascal, *Pensées*, 173, *op. cit.*
3. Simone Weil, *La Pesanteur et la Grâce*, Plon, 1988.

dans une multiplicité superficielle qui ne peut que décevoir tragiquement puisqu'elle agite du vide et du mouvement. Ne retrouvons nous pas le divertissement à travers d'autres formes de fuite : dans la confusion sonore d'une radio que l'on n'écoute pas ou bien dans les images d'une télévision qui ne capte le regard que par les séductions d'une « chute phénoménologique dans le néant » pour reprendre les termes du philosophe Michel Henry[1] ?

II – Transcender le temps

a) Pour Platon, le temps contient la négation de l'être. Le monde sensible est la dimension de l'éphémère, du relatif et de l'illusoire. Au contraire, l'intellect (*dianoia, nous*) saisit les vérités « sous le rapport de l'éternité ». La géométrie et les mathématiques, comme la philosophie, introduisent l'esprit à la dimension intemporelle et divine du Vrai, du Beau et du Bien. C'est le thème d'une éducation philosophique orientée vers la transcendance (niveau de réalité supérieur au niveau matériel).

b) Dans la perspective platonicienne d'Idées éternelles ou dans la perspective chrétienne et médiévale de vérités éternelles garanties par l'entendement divin, toute contemplation, c'est-à-dire toute vision des vérités éternelles, engendre une participation à l'éternité. De même, la vie mystique, avec son désir de fusion avec Dieu, cherche une extase où temps et éternité, sujet aimant et objet aimé se confondraient dans une unité immuable et inaltérable. Selon cette perspective, l'existence dans le temps apparaît comme une chute, un exil hors de la perfection de l'éternité.

c) Nietzsche a critiqué ce dévoiement de l'être dans l'intellectualisme socratique, diagnostiquant en lui un ressentiment envers les valeurs antiques[2]. Cette tentation vers la transcendance ne présuppose-t-elle pas un « arrière-monde » illusoire ? Tel est le risque de toute éthique portée vers la transcendance. Car la conscience se déploie, vit et meurt dans une temporalité qu'elle doit pleinement assumer dans « la chair du monde ». Aristote ne s'y trompe pas en réservant, dans son *Éthique à Nicomaque*, la vie contemplative à quelques-uns, fort rares, qui y sont naturellement prédisposés[3].

L'expression « vaincre le temps » présuppose qu'il est notre ennemi : dès lors l'angoisse et la peur face au temporel ne peuvent engendrer que le divertissement ou le désir d'éternité, tentatives opposées qui semblent manquer le réel concret qui se livre dans l'instant. Si donc la conscience ne peut transcender le temps qu'exceptionnellement, ne peut-elle pas le plénifier de l'intérieur ?

---

1. Michel Henry, *La Barbarie*, Grasset, 1987.
2. Nietzsche, *Le Crépuscule des idoles*, (1888), Gallimard.
3. Aristote, *Éthique à Nicomaque*, chap. X, 7-10, trad. J. Tricot, Vrin, 1990.

III – Plénifier l'instant

Il faut distinguer la plénification de l'instant qui résulte d'un perfectionnement moral (la solution stoïcienne) de celle qui résiderait dans un culte de la sensibilité et du plaisir (l'éthique hédoniste de Gide).

a) La solution stoïcienne : la plénitude morale. « Je tâche de faire en sorte qu'un jour me tienne lieu de toute ma vie. Je ne certes pas dire que je me saisis de lui comme s'il était le dernier, mais je le considère comme s'il pouvait l'être », dit Sénèque[1]. La valeur d'une durée, affirme Sénèque, ne se mesure pas à la quantité d'années, ni à celle des occupations, mais à l'intensité d'une vie morale totale en chacun de ses instants. Plutôt que de chercher la plénitude dans la contemplation d'essences immuables, dans l'éternité du Vrai, du Beau et du Bien, le sage stoïcien cherche à plénifier le présent. Cette exigence de qualité d'être, toute stoïcienne, dans l'usage du temps, prend tout son relief face à la dispersion frivole de la conscience dans la réussite sociale ou l'ambition politique[2]. La plénitude ne peut surgir que dans le souci vigilant d'une qualité de l'instant. Sénèque entend par là une qualité dans la disposition morale, non l'intensification esthétique et hédoniste d'un plaisir. Perfectionnement de l'être plutôt que distraction dans l'avoir. Plutôt que fuir dans le futur des projets, ou dans le regret languissant, le sage s'efforce d'atteindre la totalité dans l'étroitesse du présent, l'immortalité dans la finitude et l'infini dans le fini. Pour lui, tel est peut-être le paradoxe de la mort : nous rendre la vie absolument intense.

b) Plénifier par le plaisir : « Une pas assez constante pensée de la mort n'a donné pas assez de prix au plus petit instant de ta vie », s'exclame André Gide[3]. Pour l'hédoniste, la fragilité temporelle, loin de dévaloriser l'instant, lui confère une dignité ontologique unique, quasi religieuse, qui réclame une disponibilité totale au présent : « Ne distingue pas Dieu du bonheur et place tout ton bonheur dans l'instant[4] ». La logique de la quantité temporelle est remplacée par celle de la qualité temporelle où l'esprit n'est plus tenu de comparer, ni de classer. Son but est la singularité du plaisir qui apparaît comme la véritable valeur de l'être : « Et je pris l'habitude de séparer chaque instant de ma vie, pour une totalité de joie, isolée, pour y concentrer subitement toute une particularité de bonheur ; de sorte que je ne me reconnaissais pas plus dès le plus récent souvenir[5] ».

c) Cependant, attentif au renouvellement absolu de la sensation, Gide s'efforce de séparer les instants, et crée une discontinuité existentielle dans

---

1. Sénèque, *Lettres à Lucilius*, Lettre 61, trad. P. Aubenque, Seghers, 1964, p. 150.
2. Sénèque, *De la brièveté de la vie. Les Stoïciens*, Gallimard, La Pléiade, 1962.
3. André Gide, *Nourritures terrestres*, Gallimard, 1989.
4. *Idem*, L. II.
5. *Idem*.

l'expérience. N'oublions pas que temps nous vainc non tant par son irréversibilité et ses limitations que par son pouvoir de rupture entre le passé et le futur. L'hédonisme gagne en intensité ce qu'il perd en continuité, s'offrant à la surprise de l'instant, mais manquant la cohérence d'une vie. En effet, le risque d'incohérence inhérent au divertissement n'est pas compensé si chaque instant n'est pas replacé dans la totalité d'une vie.

Conclusion

Harmoniser le temps plutôt que le vaincre, n'est-ce pas aussi méditer la mort pour éviter de la vivre comme un scandale existentiel ? Sénèque voit dans la réflexion philosophique sur le bon usage de la durée une préparation à la mort sereine et maîtrisée. La réflexion philosophique apparaît alors nécessaire pour faire du temps un allié substantiel plutôt qu'un ennemi. Sinon, le temps étant constitutif de la subjectivité, la lutte contre le temps se transformerait vite en une lutte contre soi-même, et préluderait à une tragédie intime et inguérissable. D'autre part, le temps nous menace surtout par ses scléroses, car la mort réside d'abord dans les modes d'appréhension d'une conscience fermée à la nouveauté. La libre création de soi par soi qu'est l'existence présuppose alors une connaissance de soi, comme individu et comme être humain, qui permet de se libérer des mécanismes de l'habitude et de la répétition. La valeur créatrice et novatrice de la temporalité peut alors équilibrer le poids de l'irréversible.

La pensée philosophique vise à nous réconcilier avec la temporalité, c'est-à-dire avec sa nécessité, tout en définissant les conditions de plénitude de la durée. Tout comme la philosophie stoïcienne, elle démystifie les peurs liées à la pensée de la mort, au manque de temps, et à la privation d'une impossible éternité.

Pistes à suivre :

☛ Vladimir Jankélévitch, *L'Irréversible et la Nostalgie* et *Quelque part dans l'inachevé*[1].
☛ On se demandera en lisant les premiers chapitres de la *Recherche du temps perdu* de Proust quelles richesses intérieures peut receler le passé que l'on mettra en parallèle avec l'apologie de l'instant chez Gide dans *Les Nourritures terrestres*.
☛ On réfléchira également sur le sens philosophique du film *Les ailes du désir* de Wim Wenders avec la signification des anges séparés du temps et souffrant de leur éternité.
☛ On lira avec profit *Noces et L'été* de Camus pour illustrer un éloge du présent à travers un hédonisme méditerranéen[2].

---

1. V. Jankélévitch, *L'Irréversible et la Nostalgie*, et *Quelque part dans l'inachevé*, entretiens avec Nathalie Berlowitz, Gallimard, 1978.
2. Camus, *Noces suivi de l'été*, Gallimard, 1982.

L'homme pourrait-il vivre sans la conscience du passé ?

> **PLAN**
>
> *Introduction* : paradoxe de la conscience du passé, nécessaire mais aussi paralysante pour la vie
>
> **I – La nécessité d'une conscience du passé**
> a) La mémoire du passé, nécessité pratique pour la vie
> b) La mémoire, structure de l'identité personnelle
> c) Nécessité d'une cohérence existentielle
> d) La conscience philosophique du passé
>
> **II – Les pesanteurs de la mémoire**
> a) Les tentations de l'immobilité
> b) La mémoire, dimension du dogmatisme
>
> **III – La dialectique de l'ancien et du nouveau**
> a) La liberté vis-à-vis du passé
> b) L'autonomie de l'esprit philosophique
>
> *Conclusion* : la conscience philosophique de la temporalité

Introduction

Vivre sans la conscience du passé, n'est-ce pas impossible pour un être doué de conscience, puisque la conscience est, selon les termes de Bergson « un pont jeté entre le passé et le futur » ? La mémoire, cette conscience du passé, n'est-elle pas essentielle pour notre vie pratique, mais également pour constituer notre identité personnelle et pour donner un sens à notre existence ? Mais à l'opposé, nous pouvons nous demander si le passé ne risque pas de peser sur la vie, de s'opposer à la libre nouveauté du présent par une cristallisation des habitudes, des traditions, voire par la pesanteur d'un passé mort et révolu. « Vivre » doit donc être entendu ici au sens complet d'un épanouissement de nos facultés, conformément au bien-vivre que recherchaient les philosophes de l'Antiquité. Nous nous proposons d'examiner successivement ces deux évaluations complémentaires de la conscience du passé.

I – *La nécessité d'une conscience du passé*

a) La vie présuppose la mémoire du passé. En effet, tout savoir pratique implique la mémoire des règles techniques, aussi bien au niveau de la vie individuelle que de la vie sociale. Le pouvoir sur les choses est la réactualisation d'un savoir acquis de telle sorte que la mémoire fonctionne comme une source d'action sur le monde. La vie consciente, au lieu de fonctionner selon des comportements instinctifs, met en œuvre des processus décisionnels et techniques qui puisent dans un capital d'expérience. Contrairement aux autres mammifères, l'homme semble être par excellence un être de mémoire. Au lieu de vivre un présent absolu, toujours renouvelé, au fil de ses perceptions et de ses actions, l'homme vit un perpétuel chevauchement du passé, du présent et du futur. Sa conscience, retenant le passé immédiat et anticipant sur le futur proche, effectue une synthèse temporelle qui lui permet de lier les événements entre eux, bref de penser un ordre rationnel du moi et du monde.

b) Le passé source d'identité du moi. Le passé subsiste dans la mémoire selon des points de vue très subjectifs puisque le sujet l'enregistre à partir d'un « je » central qui est le centre de toutes ses perceptions. Ce passé est en outre transformé et réinterprété par le sujet lui-même : des oublis, des corrections de jugements, de nouvelles versions le modifient sans cesse. Par ce travail sur la mémoire, notre identité se constitue car je suis avant tout défini par la succession des événements qui forment *ma* vie. Loin d'être résumée par une identité génétique, mon « moi » est avant tout une continuité temporelle.

c) Nous pourrions aller plus loin, bien vivre exige aussi une cohérence existentielle entre les moments de ma vie, plutôt qu'une collection désordonnée d'événements sans liens entre eux. Mais à quelles conditions mon passé peut-il acquérir cette cohérence ? Une simple connaissance du passé suffit-elle ou bien faut-il la compléter par une connaissance de soi ? Remarquons en premier lieu que, naturellement, une existence doit être ordonnée par des principes supérieurs à la succession des événements provoqués par le hasard ou celle des désirs aléatoires et contradictoires.

d) Quelle est la source de cette cohérence ? C'est une éthique (du grec *èthos*, comportement, genre de vie) qui doit fournir des principes existentiels : principes d'action raisonnables, de maîtrise de soi, de contrôle des émotions et des passions, mais aussi de perfectionnement de ses potentialités afin de devenir « celui que l'on est ». Bien vivre exige donc aussi la connaissance des mécanismes inconscients de notre comportement et des passions humaines. Une telle mise en ordre existentielle rend alors possible une clarté, une intelligibilité et une progression du passé, bref, un sens, plutôt qu'une succession désordonnée. La conscience du passé semble alors essentielle pour bien vivre : se retrouver s'oppose alors à la fragmentation de mon moi dans une diversité hétéroclite d'activités, de rôles psychologiques ou sociaux, de personnages joués sans authenticité selon les intérêts du moment. Sénèque, dans *De la brièveté de la vie* n'insiste-t-il pas sur la nécessité de vivre conformément à la raison, et selon les principes de la sagesse plutôt que dans la futilité d'une réputation ou des richesses ? Pascal, dans les *Pensées*, ne décrit-il pas les effets du divertissement, tourbillon existentiel où l'homme s'égare parce qu'il ne supporte ni ses limitations ni ses fragilités ?

II – Les pesanteurs de la conscience du passé sur la vie

a) Cependant, si elle peut être source de compréhension de soi, la conscience du passé ne recèle-t-elle pas des dangers ? En effet, le passé ne risque-t-il pas de dévaloriser le présent ? Refuge confortable d'un monde intérieur où l'esprit est libre de rappeler ses moments heureux, le passé apparaît bien comme une dimension refuge, susceptible d'une plénitude plus grande que la fade réalité. Mais, dimension de ma puissance, le passé ne peut-il pas être également source de ma difficulté à exister ?

b) En effet, si le passé peut receler des trésors de réminiscences, voire de compréhension analytique sur ma personnalité, il peut aussi m'enfermer et m'ôter la nouveauté vivante du présent. L'esprit qui fige ses expériences, immobilise ses pensées et cristallise ses sentiments semble paralyser sa vie elle-même. La conscience du passé devient alors un poids, un acte opposé à la création qu'est toute conscience. Si, pour Bergson, toute conscience est essentiellement un dynamisme créateur, ne doit-elle pas rester fidèle à l'ouverture sur le possible pour demeurer vivante ?

Ce risque semble aussi peser sur les institutions sociales et culturelles. Fortes d'un passé glorieux, combien de civilisations brillantes ne se sont-elles pas figées sur elles-mêmes, devenues stériles et mortes. Nous pourrions discerner dans l'évolution des civilisations une tentation permanente à conserver leur gloire au lieu de la renouveler. En effet, le renouvellement exige toujours plus d'efforts et d'énergie et donc de souffrance et d'incertitude que la perpétuation des richesses acquises. Ainsi naît l'esprit de conservation. Or il est clair que le monde change et est en perpétuelle mutation : mœurs, coutumes, langages, arts évoluent irrémédiablement. Par désir de puissance, en voulant conserver ses intérêts, celui qui détient le pouvoir refuse souvent le changement par peur de le perdre. Il dogmatise donc les traditions et les institutions, comme l'Ancien Régime avant la Révolution française, jusqu'à ce que des révolutions historiques bouleversent brutalement l'ordre ancien. Ici encore, la conscience du passé peut devenir stérilisante. Le philosophe Georg Simmel voit dans la nature même de la raison l'origine de cette immobilisation de la vie ; par ses concepts, ses fixations écrites sous forme de signes, elle arrêterait le mouvement vital pour le conserver. Telle serait la « tragédie de la culture[1] ».

III – *Synthèse*

a) Est-ce à dire que la conscience du passé est inutile ? Certes non. Elle doit seulement être équilibrée par l'esprit de création, par une disponibilité à la nouveauté. Pour cela, il est nécessaire de maintenir un esprit libre, critique avec soi-même, sans cesse attentif à remettre en question les acquis du passé et à les interroger.

b) Ici, l'esprit philosophique lui-même est interpellé. En effet, qu'il soit conçu comme interrogation ouverte et inventive dans la maïeutique socratique, qu'il soit conçu comme doute cartésien remettant radicalement en question les vérités reçues, ou comme examen critique des principes de nos connaissances par Kant, l'esprit philosophique refuse d'être prisonnier du passé. Bien vivre, c'est-à-dire vivre selon le vrai, le bien et le beau, implique alors une conscience critique, et presque, pourrions nous dire, une conscience philosophique du passé. Le passé n'est plus alors ce qui me détermine, mais ce qui me situe. Libre par rapport à lui par la conscience qui l'englobe, le domine et le dépasse, je peux envisager un vrai futur riche de toutes les potentialités qui sont les miennes.

Conclusion

a) Toujours située entre le passé et l'avenir, la conscience vit inévitablement des tensions entre ces deux dimensions. Entre le passé refuge et le futur rempli d'incertitude, mais aussi de possibles et de promesses, la vie doit précisément devenir consciente d'elle-même.

b) Si la vie consciente est impossible sans la mémoire du passé, si toute richesse de la civilisation dépend de cette mémoire cumulative, elle ne doit pas oublier que sa créativité dépend aussi de sa capacité à dépasser son passé. La création, puisant dans les acquis du passé, les transforme radicalement et conduit le génie, selon les termes de Kant, non pas à subir les règles existantes à travers une imitation, mais à inventer de nouvelles règles d'art. La valeur de la vie surgit alors de cette unicité et de cette originalité, qui la justifie en retour. Comme le formule André Gide dans *Les Nourritures terrestres* : « Ne retiens en toi qu'à ce que tu sens qui n'est vraiment qu'en toi-même et fais de toi, patiemment ou impatiemment, le plus irremplaçable des êtres ».

---

1. Georg Simmel, *La Tragédie de la culture*, 1919, Rivages, 1988.

Pistes à suivre :

☛ Cinéma : à partir du film *Le Cercle des poètes disparus*, on réfléchira sur la signification du *carpe diem* d'Horace. En quoi la conscience du passé est-elle précieuse pour évaluer le présent ?

☛ On lira avec profit des extraits de *La Recherche du temps perdu* de Proust ainsi que *Si c'est un homme* de Primo Lévi sur la nécessité d'une mémoire des crimes contre l'humanité de la seconde guerre mondiale.

Qu'est-ce que perdre son temps ?

> **PLAN**
>
> *Introduction* : trois points de vue possibles : ontologique, psychologique, éthique. La disparition du temps et l'usage de la mémoire. La dévalorisation du temps. Comment posséder son temps ?
>
> I – Le point de vue ontologique : le temps perdu
> a) Irréversibilité, indisponibilité, unicité substantielle du passé
> b) Perdre son temps c'est perdre des segments de vie
> c) La catégorie de l'avoir est une attitude humaine
>
> II – Le point de vue éthique : le temps dévalorisé
> a) Désubstantialisation de la durée : le vide des valeurs
> b) La durée atomisée
> c) L'illusion dans les usages du temps
> d) Les temps inauthentiques
>
> III – Posséder son temps
> a) Retrouver par la mémoire
> b) Maîtriser sa durée
> c) Une discipline de l'attention
>
> *Conclusion* : la question du sens dans la durée : existence et Histoire

Introduction

• Un paradoxe surgit du contraste entre trois points de vue possibles : « perdre son temps » est inévitable puisque le temps se perd en tant que présent devenant passé irréversible ; il est « perdu » du point de vue ontologique ; mais du point de vue psychologique, c'est à une qualité de mémoire que revient la perte ou non du temps : il peut être retrouvé et conservé (Proust). Enfin du point de vue éthique, le temps perdu est le temps vide et stérile, improductif quand aux valeurs existentielles directrices.

• Perdre son temps, n'est-ce pas tomber dans une frivolité stérile, sans conséquences sur le futur ni sur l'enrichissement spirituel du moi ? N'est-il pas un présent fugitif et disparaissant sans effets sur l'avenir et sans créativité réelle ? La

question ne renvoit-elle pas à une évaluation existentielle, au souverain bien des stoïciens ou au devoir kantien, bref aux valeurs fondamentales d'une éthique ?
• Perdre son temps, n'est-ce pas méditer le contraste entre la disparition ontologique du présent, son anéantissement, et le sentiment de propriété attaché à la temporalité ? Ne faut-il pas corriger la catégorie de l'avoir (perdre et gagner) par la catégorie de l'être : être digne de son temps ou non, sans nourrir l'illusion que le sujet est propriétaire de sa temporalité ?

I – Le point de vue ontologique : le temps perdu

a) La perte traduit 1. l'unicité des instants vécus 2. l'irréversibilité. 3. L'indisponibilité du passé. L'irréversibilité de la flèche du temps aboutit à une perte ontologique. La perte est l'indisponibilité des événements passés. Ceux-ci sont anéantis, mais ne sont pas des purs inexistants puisqu'ils ont été. Paradoxe : le sujet vit la temporalité sur le mode de l'avoir : « prendre du temps à quelqu'un » dans les registres économiques, financiers, commerciaux alors que le temps est un universel englobant. Solution : on ne perd pas son temps, mais le réel évoluant dans un temps donné, c'est-à-dire un segment de vie.

Sous le sentiment de l'avoir et de la perte, l'idée que le moi est aussi soumis à l'irréversibilité : je ne serai plus jamais celui que j'ai été. Ce qui est perdu est donc l'être lui-même comme évolution historique indisponible à la perception, à l'action, à la modification en tant qu'être.

b) Cette irréversibilité est inséparable de l'évolution irréversible du vivant : naissance, croissance, vieillissement et mort. Le temps est perçu et pensé à travers ces stades biologiques. La répétition est donc impossible ; on ne peut que copier imparfaitement un passé ou le caricaturer, sombrer dans le ridicule de la répétition existentielle ou encore exorciser ce « jamais plus » par des ritualisations de l'existence.

c) Critique : Le point de vue stoïcien : on ne perd que le présent et le sentiment de perte de la totalité du passé vécu ou du futur (en cas de mort prématurée) est une erreur de perspective car on ne perd que ce que l'on a (Sénèque). L'avoir correspond donc au présent en acte, mais c'est un avoir provisoire, un prêt soumis au caractère fugitif et disparaissant de notre durée. Importance de cette constatation pour mesurer la part « d'imagination combleuse » (Simone Weil) dans la pensée de la durée. Il y ici à l'horizon la question des attitudes par rapport à la mort : perdre son temps c'est, à la limite, perdre sa vie. N'oublions donc pas que la clé de cet usage du temps réside dans l'éthique. Le souci (*cura*) existentiel de la valeur qui établit un sens détermine la qualité du temps et la situation du sujet dans la temporalité.

II – *Le point de vue éthique : le temps dévalorisé*

a) Le temps perdu se définit comme désubstantialisation et dévalorisation de la durée. Le sujet n'adhère plus au réel, ni par ses intérêts, ni par son amour ou sa passion. C'est un temps rempli par une nécessité mécanique séparée des valeurs authentiques : l'être a été neutralisé à l'intérieur de la temporalité elle-même.

b) Le temps perdu est un instantané sans liaison avec un passé et un avenir. Atome temporel réduit à lui-même, il sombre dans le passé sans signification véritable par opposition au temps cohérent et lié d'une vie s'enrichissant de ses moments passés et fructifiant pour l'avenir.

c) Perdre son temps est ainsi lié à l'échec et à l'illusion des attentes dans l'action. Mauvaise représentation du réel, l'action s'illusionne sur sa valeur réelle et ne recouvre que l'inutile. La conscience réflexive subit alors l'idéalisation de ses propres actes (Cervantes) ou de ses propres buts. A l'horizon se profile donc l'absurde, symbolisé par le cercle ou la répétition des travaux de Sysiphe ou des Danaïdes[1]. Le temps perdu est alors perte du sens authentique de la durée.

d) Les temps inauthentiques :

• Les temporalités remplies par des activités stériles : temps du travail, temps de la nécessité biologique, temps de l'urgence matérielle n'ayant pas de lien direct avec la perfectibilité spirituelle. Exemple, la déconsidération du travail chez les grecs.

• Le temps passionnel qui déconstruit la limpidité des perceptions[2].

III – *Synthèse : posséder son temps*

Entre la réalité ontologique et la réalité éthique, la conscience est tenue d'agir et d'être vigilante. Posséder son temps peut être entendu en trois sens positifs :

a) Maîtriser son temps sans être voué à la passivité de l'observateur mené comme un vaisseau sans gouvernail (Sénèque).

b) Disposer d'un juste usage de sa mémoire, donc ni stérilisant, ni idéalisant, ni dramatisant du passé (Épicure).

c) Approfondir sa qualité d'attention au présent pour la rendre accessible au vrai, au bien et au beau (Simone Weil).

Conclusion

L'irréversibilité ontologique n'est que relative car le souvenir se réactualise sans cesse dans l'existence (Bergson : *Matière et Mémoire*) et s'intègre à une

---

1. Camus, *Le Mythe de Sysiphe*, Gallimard, 1940.
2. F. Alquié, *Le Désir d'éternité*, chap. 2-5, P.U.F., 1943.

totalité signifiante : totalité existentielle ou historique selon une idée directrice (Kant : *Opuscules sur l'Histoire*). Perdre son temps, c'est consentir à l'inutile et à l'immédiateté, voire à la distraction la plus désabusée sur les possibilités de l'avenir, c'est donc avant tout une responsabilité. Cela étant, gardons nous d'évaluer la perte de temps aux critères conventionnels et contingents du succès social ou économique. Interrogeons plutôt sans relâche l'authenticité de nos valeurs apparentes pour parfaire notre durée.

Pistes à suivre :

On lira avec profit la *Consolation de la philosophie* (Guy Trédaniel, 1981) de Boèce, écrite en prison, alors qu'il attendait son exécution, et sa méditation sur la valeur des occupations ; *De la brièveté de la vie* (*Les Stoïciens*, Gallimard, Pléiade, 1962) de Sénèque sur la vanité des richesses et des biens ; enfin, *La Pesanteur et la Grâce* (Plon, 1988) de Simone Weil qui rassemble des notes sur l'usage de l'attention.

Y a-t-il une vertu de l'oubli ?

PLAN

Introduction : les sens du terme « vertu ». L'oubli est-il condition de plénitude ou bien défaillance morale ?

I – L'oubli comme faiblesse et rejet de l'être vers le non-être
a) La vertu semble appartenir à la mémoire : la fidélité et la transmission des événements de valeur ; caractère propre à la culture humaine
b) La dimension morale de l'oubli : trahison des morts. Le devoir de mémoire comme justice historique
c) Cependant, l'oubli est garant de vertu lorsqu'il est constitutif du pardon et de la magnanimité. Cependant, ne peut-on pas pardonner sans oublier ? Excès de la mémoire et de ses idoles

II – L'oubli comme condition de la valeur
a) L'oubli condition de la création. Le génie ou l'invention des règles exige-t-elle l'oubli ?
b) L'adéquation de l'oubli ou de la mémoire comme condition de la vertu
c) Oublier pour retrouver l'innocence

III – Synthèse : dépassement de l'opposition entre oubli et mémoire
a) La métamorphose du souvenir en vie créatrice
b) La dialectique de l'ancien et du nouveau : l'Histoire de l'art
c) La structure ontologique de l'être : la répétition et la différence

Conclusion : le juste usage de la mémoire

Introduction

La vertu comme aptitude permanente au bien et au bonheur, est également liée à la prudence (Aristote). La vertu envisagée comme force (*virtú*) au sens de Machiavel. L'oubli est-il apte à conditionner le bonheur et le bien moral, dans la fidélité, la promesse ou la gratitude ? N'est-il pas au contraire défaut, manquement éthique, bref, défaillance face au temps ? Au delà de ces oppositions, ne faut-il pas considérer un juste usage de la mémoire ?

I – L'oubli comme faiblesse morale

a) Les vertus de mémoire :
• Il existe un devoir de mémoire dans la gratitude, la reconnaissance, la fidélité et la promesse qui sont des vertus de mémoire. L'oubli rompt un engagement implicite ou explicite qui lie les personnes dans des relations de réciprocité. L'oubli est défaut, faiblesse morale. La force morale se définit comme résistance des sentiments et des engagements face au temps. Exemple : le père accueillant l'enfant prodigue dans les Évangiles.
• L'obligation intime de mémoire établit des continuités qui donnent sens au passé et éclairent le futur. Importance d'envisager les vertus dans la perspective temporelle : l'amitié et l'amour comme continuités existentielles.
• La fidélité à soi-même est la condition de la valeur morale, mais aussi de l'intégrité psychologique car le moi, loin d'être donné dans l'instant, est composé d'une continuité temporelle, avec ses obscurités, ses fractures, ses amnésies car « J'oublie que je possède, dans ma propre vie, mille modèles de mort, de néants quotidiens, une quantité étonnante de lacunes, de suspens, d'intervalles inconnaissants, inconnus» (Paul Valéry dans *Tel quel*).

b) L'oubli cause d'absurdité existentielle. L'oubli, qu'il soit lié à la frivolité, à l'égoïsme ou au cynisme, participe d'un défaut de constance morale et de profondeur éthique. Le présent est alors dimension de superficialité, voire d'inauthenticité. L'événement n'a alors que valeur d'immédiateté, sans rapport au futur ni au passé. Or le sens exige des continuités existentielles et historiques, donc un souci de mémoire. Le sens des activités est lié à leur place dans une évolution globale. Louis XV à propos des colonies canadiennes : « Après moi le déluge ». Exemple du cynisme présent dans un individualisme indifférent à l'Histoire et au souci de mémoire : comme le dit Valéry : « L'idée du passé ne prend un sens et ne constitue une valeur que pour l'homme qui se trouve en soi-même une passion pour l'avenir » (*Regards sur le monde actuel*).

c) L'oubli comme négation culturelle. La culture n'est pas juxtaposition d'œuvres, mais le dialogue de leurs créateurs à travers le temps. La culture produit du nouveau dans un tissage de relations avec le passé : réfutations, reprises, corrections, voire imitations le prolongent librement. L'oubli oblige à la répétition et à d'inutiles efforts, à un « bégaiement de l'Histoire » (Jankélévitch).

II – Les vertus de l'oubli

Cependant, la mémoire peut être source d'anti-valeurs : la répétition, l'imitation stérile, voire la souffrance du passé et l'impossibilité de vivre la nouveauté, le pur aujourd'hui, en sa fraîcheur absolue. L'oubli n'est pas faiblesse, mais force (*virtú*), qualité morale permettant de réaliser en nous l'excellence humaine, l'*arétè* des grecs.

a) Oublier pour se socialiser : le refoulement freudien. Les contraintes de la socialisation obligent le sujet à refouler les représentations interdites ou douloureuses dans l'inconscient. L'oubli est donc la contrepartie d'une santé psychique, certes précaire et sujette aux symptômes de la névrose.

b) Oublier pour être. L'oubli permet à la personnalité lourde de son passé de le rejeter pour avancer dans sa pleine innocence. Le poids des traditions, des acceptations, des appartenances limitatives inscrites de l'extérieur par le temps risquent de figer le devenir du moi.

c) Oublier pour retrouver l'innocence. Les croyances dogmatiques s'opposent à l'invention : le doute cartésien pratique un oubli méthodique pour rebâtir de nouveaux fondements métaphysiques. L'innocence est alors non pas l'ignorance, mais l'aptitude au nouveau : « La conscience à l'endroit, ratifiant le devenir et le mouvement... est une conscience qui dit oui » (Jankélévitch, *Le Pur et l'Impur*). De même, l'habitude désamorce l'acte moral et le vide de sa valeur, l'agent moral doit être neuf devant la sollicitation du bien. « L'innocence est une force. L'innocence, non pas la niaiserie » dit encore Jankélévitch (*Traité des vertus*, III). La valeur créatrice a besoin de « la première fois », bref de la force de l'origine, mais cette innocence doit être éclairée et avertie. Informée par le passé, elle n'en subit pas le poids, mais les avertissements ; ce qui constitue précisément la difficulté de l'innocence dans un oubli maîtrisé du passé.

III – L'usage adéquat de l'oubli et de la mémoire

a) La dialectique entre la mémoire et l'oubli naît de la nature même de la conscience : « pont jeté entre le passé et le futur » (Bergson).

b) La métamorphose du souvenir en vie créatrice : le souvenir tire sa valeur d'un usage qui le rénove et lui donne une nouvelle existence au lieu de figer dans le temps. Exemple : la dialectique de l'ancien et du nouveau dans l'Histoire de l'art.

c) L'oubli et la mémoire doivent être adéquats. Ce que l'on oublie ou non doit être réglé par un souci éthique : exemple : oublier dans le pardon ou l'indulgence.

Conclusion

Il ne s'agit pas d'oublier ou de se souvenir au hasard des occasions. Il y a des devoirs d'oublis et des devoirs de mémoire. La vertu réside donc dans leur adéquation à une nécessité morale : garantir, protéger et créer des valeurs pour donner sa raison au temps.

Pistes à suivre :
On lira avec profit sur ce sujet la préface de *In vinos veritas* (*Étapes sur le chemin de la vie*, Gallimard, 1988) de Kierkegaard sur l'art d'oublier et de se souvenir, mais aussi le livre de William Styron : *Le Choix de Sophie* (Gallimard, 1983), tout entier axé autour du problème de la douloureuse mémoire du génocide et les entretiens de Primo Levi : *Le Devoir de mémoire* (Mille et une nuits, 1995).

Glossaire

DIVERTISSEMENT (de *divertere*, se détourner de, sens pascalien issu des *Pensées*) : attitude existentielle de fuite de notre condition réelle au moyen d'activités incessantes et infinies qui nous empêchent d'y penser.

DURÉE : (1) Intervalle de temps situé entre deux instants (2) Sens bergsonien : intuition du changement qualitatif par la conscience elle-même par opposition au temps mathématique et abstrait reconstruit par l'intelligence.

ÉPISTÉMOLOGIQUE : (du grec, *épistémè*, science et *logos*, étude de) qui concerne les principes et la constitution de la connaissance scientifique.

ÉTERNITÉ : au sens strict, caractère de ce qui se trouverait placé en dehors du temps, et qui par conséquent se trouverait soustrait au changement et à l'altération qui lui sont liés : ex : Dieu.

ESPACE : milieu homogène et illimité dans lequel nous nous représentons nécessairement les événements et les objets dans leur coexistence et leur extension.

FINITUDE : désigne les limitations de toute existence humaine, à la fois physiques (mort ; souffrance ; maladie) et morales (impossibilité de la perfection morale).

HÉDONISME : (du grec *Hèdonè* : plaisir, volupté). Doctrine qui estime que le plaisir et la recherche du plaisir constituent le principe du bonheur.

INSTANT : (du lat. *instans*, présent, de *instare*, être suspendu sur, menacer) : limite idéale de temps marquée par un nombre dans un système chronométrique et qui n'a elle-même aucune durée.

INTERSUBJECTIVITÉ : propriété de ce qui est commun à un ensemble de sujets doués de conscience (la logique ; le langage ; les règles morales) et qui peut donc être transmis et compris par chacun dans des situations de communication.

IRRÉVERSIBILITÉ : propriété du temps lui-même et des événements qui le remplissent consistant à ne pouvoir se produire que successivement dans une seule direction sans pouvoir jamais revenir dans le sens opposé.

ISOCHRONE : qui présente des régularités temporelles rigoureuses : ex. les mouvements du balancier d'une horloge.

LOGOS : (grec : raison) : (sens stoïcien) : désigne la raison universelle et divine qui organise le cosmos et les natures humaines possédant de ce fait un principe commun capable de les unifier.

MÉMOIRE : 1. Fonction générale d'enregistrement et de restitution des informations. 2. Activité psychique au moyen de laquelle sont enregistrées et rappelées des informations sensorielles, perceptives ou intellectuelles. Fonction psychologique qui rassemble les événements successifs dans une continuité temporelle et qui permet d'y situer le sujet pensant lui-même.

NOUMÈNE : (voc. kantien) : chose en soi, considérée indépendamment des processus de connaissances, et en particulier des activités de la sensibilité qui la perçoivent dans l'espace et dans le temps.

NOSTALGIE : sentiment de regret du passé accompagné de l'idée de son irréversibilité. La nostalgie est toujours un mélange de plaisir (du souvenir) et de tristesse (de la disparition de ce qui a été).

ONTOLOGIQUE : (du grec : *ontos*, l'être et *logos*, étude de) qui se rapporte à l'être et à ses structures fondamentales.

PALINGÉNÉSIE : (du grec, *génésie* : naissance, *palin*, de nouveau) conception antique selon laquelle le cosmos obéit à un éternel retour, bouclant l'Histoire du monde sur elle-même après une grande année cosmique.

PERCEPTION : processus cognitif complet par lequel des informations sensorielles sont organisées en une synthèse cohérente. Cette organisation peut être décrite à trois niveaux : l'organisation spatio-temporelle des sensations (1), l'identification rationnelle du perçu (2) et l'interprétation du perçu (3).

PHÉNOMÉNOLOGIE (du grec *phainomenon* : ce qui apparaît, et *logos*, étude de) : étude descriptive et analytique des phénomènes qui se présentent à la conscience d'un sujet de façon originaire.

SENSIBILITÉ : (voc. kantien) : faculté de recevoir des impressions sensibles au moyen des cinq sens à travers les cadres *a priori* de l'espace et du temps.

SOLIPSISME : (du lat. *solus*, seul, et *ipse*, soi-même) : point de vue selon lequel le monde se réduit à la conscience d'un seul sujet et ne vaut que pour lui.

TEMPS : dimension universelle et nécessaire du changement et de la succession des phénomènes qui présente à l'intuition les propriétés de l'irréversibilité, de la continuité et de l'infinité.

TRANSCENDANCE : (du lat. *transcendere*, franchir, surpasser) : réalité supérieure à toute autre, et en particulier à la réalité matérielle ; opposé à immanent.

TRANSCENDANTAL : (sens kantien) 1. qui se rapporte à notre pouvoir de connaître. 2. désigne la propriété des formes *a priori* par lesquelles nos facultés de percevoir (sensibilité) et de connaître (l'entendement) constituent la connaissance perceptive et intellectuelle.

Index

Absolu 19, 27, 36, 37
Acquis 7, 26, 50, 52
Architecture 13
Art 11
Bergson 16, 17, 26, 37, 40, 41, 49, 51, 56, 60
Communication 4, 9, 10, 12, 62
Concevoir 9, 23, 38
Contemplation 8, 28, 46, 47
Corps 8, 12, 13, 16, 19, 20, 22, 27, 28, 34, 35, 36, 37, 41
Création 11, 13, 20, 21, 26, 37, 39, 48, 51, 52, 58
Création du monde 13
Dasein 24
Divertissement 32, 33, 44, 45, 46, 48, 51, 62
Durée 16, 17, 19, 21, 23, 25, 26, 30, 36, 40, 41, 44, 45, 47, 48, 54, 55, 56, 57, 62
Espace 4, 6, 7, 8, 11, 12, 13, 14, 15, 18, 19, 22, 23, 24, 30, 36, 37, 62, 63
Éternel retour 21, 63
Expérience sensible 19, 36, 37
Géométrie 4, 11, 12, 13, 46
Grammaire des langues 25
Hédonisme 48, 62
Histoire 19, 21, 22, 23, 25, 27, 54, 57, 58, 59, 60, 63
Heiddeger 24
Identité 4, 18, 20, 26, 49, 50
Immortalité 21, 26, 27, 28, 35, 47
Inné 7
Instant 11, 16, 17, 19, 24, 26, 34, 40, 41, 45, 46, 47, 48, 55, 59, 62
Intentionnalité 7
Interprétation 6, 8, 9, 63, 64
Intersubjectivité 4, 9, 37, 62
Intuition 6, 9, 15, 16, 17, 19, 23, 24, 41, 62, 63
Irréversibilité 15, 20, 27, 44, 45, 48, 54, 55, 56, 62, 63
Jugement 7, 9, 10, 21, 50
Kant 6, 7, 15, 16, 23, 24, 52, 55, 57
Marc Aurèle 33, 34, 35
Matérialisme stoïcien 35
Mémoire 9, 15, 16, 17, 18, 23, 26, 27, 28, 41, 49, 50, 52, 53, 54, 56, 58, 59, 60, 61, 62
Mémoire habitude 41
Mémoire pure 41
Merleau-Ponty 8, 11, 36, 37
Mesure 11, 14, 15, 16, 18, 19, 22, 47, 58
Moi 9, 10, 16, 17, 18, 26, 37, 44, 45, 50, 51, 54, 55, 59, 60
Mondialisation du temps 19
Mort 24, 27, 28, 32, 33, 34, 35, 45, 47, 48, 55, 59, 62
Nostalgie 15, 27, 30, 62
Objectivité 4, 10, 11
Oubli 27, 30, 34, 44, 45, 58, 59, 60
Pascal 32, 33, 44, 45, 51, 62
Passé 9, 14, 16, 17, 25, 26, 27, 30, 38, 39, 40, 45, 48, 49, 50, 51, 52, 53, 54, 55, 56, 59, 60, 62
Perception 4, 6, 7, 8, 9, 10, 11, 12, 16, 23, 26, 37, 40, 41, 50, 55, 56, 63
Phénoménologie 7, 8, 37, 63
Platon 28, 35, 46
Plénitude 44, 47, 48, 51, 58
Présent 14, 16, 17, 30, 38, 39, 40, 41, 44, 45, 47, 48, 49, 50, 51, 53, 54, 55, 56, 59, 62
Raisonnement 9, 10
Réel 6, 9, 10, 11, 12, 14, 15, 17, 27, 37, 45, 46, 55, 56
Relativité générale 19
Religieux 12, 20, 21, 22, 25
Répétition 26, 44, 48, 55, 56, 58, 59
Responsabilité 18, 57
Solipsisme 4, 9, 10, 37, 63
Souci 20, 24, 47, 55, 59, 60
Souvenir 15, 16, 17, 25, 27, 41, 47, 56, 58, 60, 61, 62
Spinoza 27, 29
Statut ontologique 23
Succession 6, 14, 15, 16, 24, 40, 50, 63
Temporalité chrétienne 21
Temps objectif 4, 16, 18, 19, 20, 22, 23, 24, 25
Transcendance 13, 44, 46, 63
Transcendantal 23, 24, 63

Dépôt légal mai 1999